Die besten
Android-Apps

CHRISTIAN IMMLER

Markt+Technik

Dieses Werk einschließlich aller Inhalte ist urheberrechtlich geschützt. Alle Rechte vorbehalten, auch die der Übersetzung, der fotomechanischen Wiedergabe und der Speicherung in elektronischen Medien.

Bei der Erstellung von Texten und Abbildungen wurde mit größter Sorgfalt vorgegangen. Trotzdem sind Fehler nicht völlig auszuschließen. Verlag, Herausgeber und Autoren können für fehlerhafte Angaben und deren Folgen weder eine juristische Verantwortung noch irgendeine Haftung übernehmen. Für Anregungen und Hinweise auf Fehler sind Verlag und Autoren dankbar.

Die Informationen in diesem Werk werden ohne Rücksicht auf einen eventuellen Patentschutz veröffentlicht. Warennamen werden ohne Gewährleistung der freien Verwendbarkeit benutzt. Nahezu alle Hard- und Softwarebezeichnungen sowie weitere Namen und sonstige Angaben, die in diesem Buch wiedergegeben werden, sind als eingetragene Marken geschützt. Da es nicht möglich ist, in allen Fällen zeitnah zu ermitteln, ob ein Markenschutz besteht, wird das ®-Symbol in diesem Buch nicht verwendet.

ISBN 978-3-945384-28-2

© 2014 by Markt+Technik Verlag GmbH
Espenpark 1a
90559 Burgthann

Produktmanagement Christian Braun
Herstellung Jutta Brunemann, j.brunemann@mut.de
Einbandgestaltung David Haberkamp
Coverfoto © Kirill_M – Fotolia.com
Satz Astrid Stähr
Druck Media-Print, Paderborn
Printed in Germany

Inhaltsverzeichnis

1. Apps finden und installieren ... 6

Der Google Play Store ... 6
Nicht benötigte Apps wieder deinstallieren ... 13
Die Alternative: Amazon App-Shop ... 13
Apps unbekannter Herkunft zulassen ... 14

2. Surfen und mailen ... 16

Browser und Surftools ... 16
E-Mail ... 23
Unterwegs bloggen ... 26

3. Soziale Netzwerke und Chat ... 29

Beliebte soziale Netzwerke auf dem Smartphone ... 29
Chatten mit dem Smartphone ... 35

4. Notizen, Kalender, Wecker ... 41

Notizen ... 41
Kalender ... 44
Uhren, Wecker und Zeitplanung ... 46

5. Reisen ... 52

Landkarten ... 52
Fahrpläne für Bahn und Bus ... 56
Apps für Flugreisende ... 60
Apps für Autofahrer ... 63

Telefonbücher	67
Hotels, Gastronomie und Touristeninfos	70

6. Nachrichten und Wetter ... 75

Nachrichten	75
Wetter	79

7. Wissen und Information ... 82

Lexika	82
Wörterbücher	85
Fachwissen	88

8. Fotos und Grafik ... 94

Fotos online zeigen und teilen	94
Fotos bearbeiten	97

9. Medien, Musik und E-Books ... 102

Musik-Apps	102
Webradio	106
Video	108
E-Books	111

10. Shopping und Schnäppchen ... 115

11. Ernährung, Gesundheit und Fitness ... 122

Ernährung	122
Wellness, Gesundheit und Medizin	126
Fitness und Sport	133

12. Büro und Finanzen 137

Office – Textverarbeitung und Tabellenkalkulation 137
Taschenrechner 140

13. Systemtools und Tuning 143

Dateimanager 143
Cloud-Speicher 146
Tools für WLAN und Mobilfunk 149
Apps für geringeren Akkuverbrauch 154
Personalisierung 156
Sicherheit 161

14. Spiele 166

Spiele für zwischendurch 166
Denk- und Knobelspiele 170
Rollen- und Simulationsspiele 174
Brett- und Kartenspiele 178
Sport- und Geschicklichkeitsspiele 183

15. Apps, auf die die Welt gewartet hat 187

1. Apps finden und installieren

Jedes Betriebssystem wird erst interessant durch die Anwendungen, die darauf laufen. Das gilt nicht nur für PCs, sondern auch für Smartphones und Tablets. Dort spricht man – angelehnt an Apples iPhone-Anwendungen – allgemein nur von Apps. Der alte Begriff „Handysoftware" ist in Vergessenheit geraten.

Ähnlich wie es für PCs Tausende Programme gibt, wird auch der Markt an Apps immer umfangreicher und auch unübersichtlicher. So ziemlich jedes erdenkliche Thema lässt sich mit der passenden App auf dem Handy darstellen. Für Android sind mittlerweile weit über 1.000.000 verschiedene Apps erhältlich, etwa zwei Drittel davon kostenlos. Allerdings werden Sie, wenn Sie sich einige Zeit mit diesem Thema beschäftigt haben, feststellen, dass Sie über 99 % der Apps nicht brauchen. Dieses Buch hilft Ihnen dabei, die wirklich nützlichen Apps zu finden.

Der Google Play Store

Die erste Anlaufstelle, um Apps auf ein Android-Smartphone herunterzuladen, ist der Google Play Store. Zum Download aus dem großen Angebot ist eine spezielle App nötig, die auf allen Android-Geräten mit Google-Zertifizierung vorinstalliert ist. Nur Smartphones besonders kleiner Hersteller, die sich keine Google-Lizenz leisten wollen, oder Geräte aus chinesischer Billigproduktion haben keinen Zugang zum Google Play Store, was aber nicht bedeutet, dass auf diesen Geräten keine Apps installiert werden können. Android bietet im Gegensatz zu Windows Phone und iOS die Möglichkeit, Apps auch aus anderen Quellen zu installieren.

Der Google Play Store listet alle Apps getrennt nach Anwendungen und Spielen in unterschiedlichen Kategorien auf. Hier kann man sich durch Bestenlisten und Empfehlungslisten inspirieren lassen. Diese Listen sollen zwar zur Orientierung dienen, sind aber weitgehend aussagelos, da sich Entwickler dort „einkaufen" können. Um eine bestimmte App zu finden, verwenden Sie am besten die Suchfunktion.

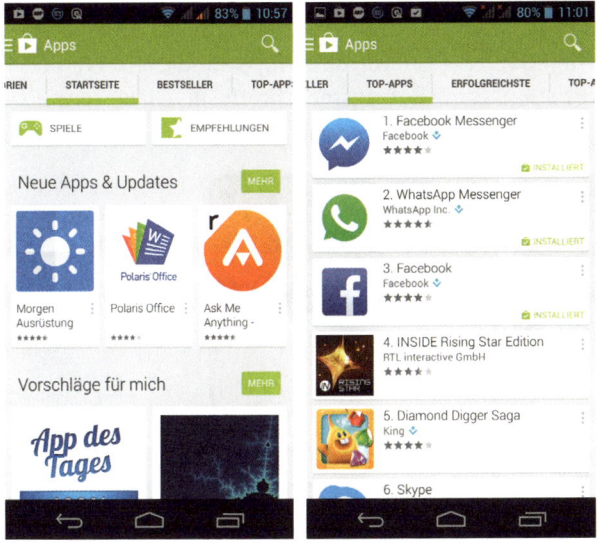

Der Google Play Store auf dem Smartphone.

> **Google-Konto**
>
> Der Google Play Store erfordert eine Anmeldung mit einem Google-Konto. Falls Sie bei der Einrichtung Ihres Smartphones kein Google-Konto angegeben haben, müssen Sie dies spätestens tun, wenn Sie den Google Play Store nutzen wollen.

Apps auf dem Smartphone installieren

Zur Installation auf dem Smartphone sind nach Auswahl der App nur noch zwei Klicks erforderlich. Der Google Play Store zeigt an dieser Stelle an, auf welche Systemkomponenten die jeweilige App zugreifen kann. Diese Berechtigungen sollte man sich in jedem Fall vor der Installation ansehen.

Viele werbefinanzierte Apps fordern uneingeschränkten Internetzugriff oder gar die Berechtigung, Anrufe zu tätigen oder SMS zu verschicken. Bei Apps wie z. B. Telefonbüchern oder Branchenverzeichnissen ist diese Berechtigung zur Funktionalität wichtig, bei einfachen Spielen oder Grafikprogrammen besteht jedoch die Gefahr, dass Apps auf diesem Weg teure Verbindungen aufbauen – eine Betrugsmasche, die als Dialer schon zu Zeiten analoger Modems am PC bekannt war.

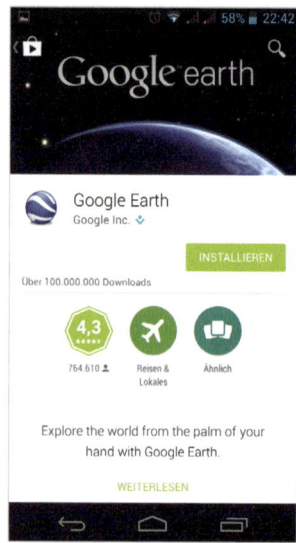
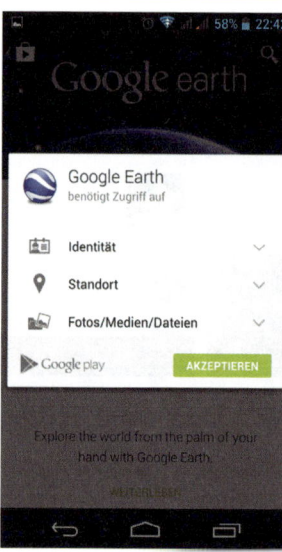

Neue App aus dem Google Play Store installieren.

Trotz der teilweise bedenklich klingenden Bezeichnungen sind die meisten Berechtigungen für das Funktionieren einer App wirklich nötig. Achten sollten Sie vor allem auf folgende Berechtigungen:

- **Telefonnummern direkt anrufen** – Damit kann eine App beliebige Telefonnummern, theoretisch auch kostenpflichtige Sonderrufnummern, anrufen und das auch, ohne dass die Telefon-App zu sehen ist.
- **Kurznachrichten senden** – Damit kann die App SMS verschicken.
- **Uneingeschränkter Internetzugriff** – Seit das Thema App-Berechtigungen in aller Munde ist, fragt kaum noch eine App nach geziel-

ten Internetberechtigungen, sondern verlangt immer gleich uneingeschränkten Internetzugriff, was den Blick auf die Berechtigungen schon fast wieder ad absurdum führt.

> **Bewertungen und Nutzerkommentare**
>
> Das Symbol *Empfehlung der Redaktion* sowie die Anzahl der Sterne und auch die Gesamtzahl der Installationen ergeben einen guten Richtwert über die Qualität der App.

Die Nutzerkommentare sollten Sie dagegen besser ignorieren. Wie in fast allen Onlineshops zeugen diese häufig von mangelhaftem technischem Verständnis, dafür umso mehr von übersteigertem Geltungsbewusstsein einiger Nutzer. Besonders die Bewerter mit wenigen Sternen würden bereits im Deutschunterricht der ersten Klasse durchfallen. Wie viele andere Webseiten auch, würde sich Google Play einen Gefallen tun, wenn die Kommentare redaktionell gefiltert oder ganz abgeschaltet würden.

So kann man Apps kaufen

Kostenpflichtige Apps werden im Google Play Store mit Googles eigenem Bezahlsystem Google Wallet bezahlt. Dies funktioniert zurzeit nur mit einer gültigen Kreditkarte, bei einigen Telefonanbietern auch über die Mobilfunkrechnung. Spätestens beim ersten Kauf einer App müssen Benutzer in ihrem Google-Konto Kreditkartendaten und auch eine gültige Postanschrift hinterlegen.

Alternativ können Sie Prepaid-Guthaben für den Google Play Store in Form von Geschenkkarten unter anderem bei verschiedenen Supermarkt- und Tankstellenketten kaufen und beim Onlinekauf einlösen. Weitere Informationen finden Sie bei goo.gl/j9wo9c.

Eine App, die Sie einmal auf einem Android-Gerät gekauft haben, können Sie auf weiteren Geräten installieren, ohne sie neu zu kaufen. Wählen Sie dazu im Menü des Google Play Stores *Meine Apps*. Dort finden Sie neben den installierten Apps noch die Liste *Alle*, die alle Apps enthält, die Sie jemals mit diesem Google-Konto auf irgendeinem Android-Gerät heruntergeladen haben – Freeware und auch Kauf-Apps.

Der Google Play Store auf dem PC

Der Google Play Store ist auch vom PC über einen beliebigen Webbrowser unter play.android.com/store zu erreichen. Hier kann man Apps finden und auch direkt auf seinen Geräten installieren.

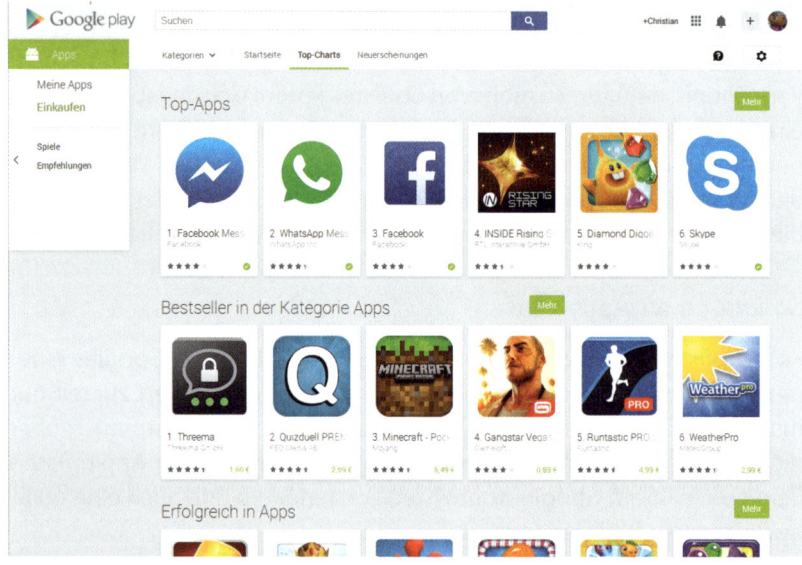

Der Google Play Store auf dem PC.

Zur Installation von Apps muss man auf dem PC im Browser mit dem Google-Konto angemeldet sein, das auch auf dem Smartphone verwendet wird. Unter dem Link *Meine Apps* können Benutzer die verwendeten Geräte verwalten. Hier sehen Sie auch alle auf Ihren Android-Geräten installierten Apps. Bevor Sie eine App zur Installation auswählen, prüfen Sie unterhalb des grünen Installations-Icons die Gerätekompatibilität. Ein Klick auf das *i*-Symbol zeigt alle in diesem Google-Konto eingetragenen Android-Geräte. Anhand von Betriebssystemversion, Bildschirmgröße und einigen anderen technischen Kriterien wird ermittelt, mit welchen Geräten die App kompatibel ist.

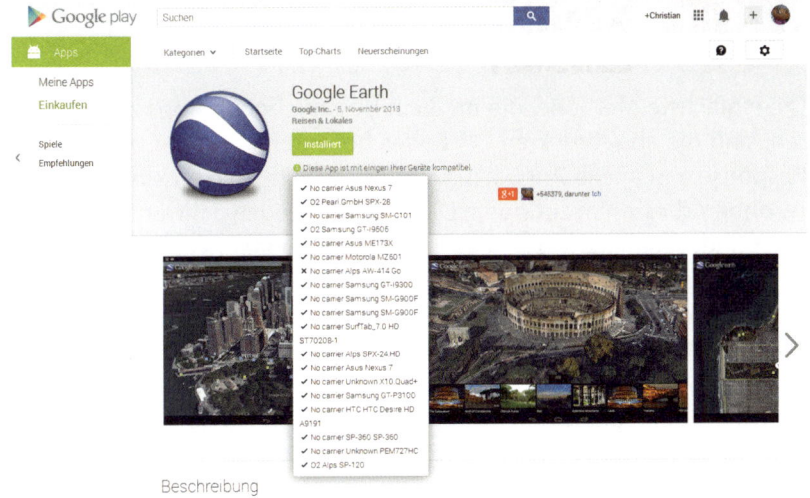

Anzeige der Gerätekompatibilität im Google Play Store auf dem PC.

Um eine App auf dem Smartphone zu installieren, klicken Sie auf dem PC auf den *Installieren*-Button bei der jeweiligen App. Wählen Sie jetzt noch das gewünschte Gerät aus, wenn Sie mit Ihrem Google-Konto mehrere Android-Geräte angemeldet haben, wie z. B. ein Smartphone und ein Tablet.

Um die Installation auf dem jeweiligen Gerät brauchen Sie sich keine Gedanken mehr zu machen. Die App wird nun vollautomatisch an Ihr Smartphone geschickt und dort installiert. Sie werden darüber in der Benachrichtigungszeile informiert. Beachten Sie hierbei, dass die Bestellung sofort per Push auf Ihr Smartphone geschickt wird. Das verbraucht Datenvolumen oder erzeugt Kosten, falls Sie keine Flatrate besitzen. Besonders schnell und kostenlos geht es natürlich, wenn Ihr Smartphone per WLAN online ist.

Barcode Scanner

Hersteller: **ZXing Team**
Preis: **kostenlos**
Getestete Version: **Mai 2014**

Die einfachste Methode, die im Buch beschriebenen Apps zu installieren, sind die abgedruckten QR-Codes bei jeder App. QR-Codes (**Q**uick **R**esponse = schnelle Antwort) sind der schnelle Weg zu einer Webseite, ohne Adressen abzutippen. Diese grobpixeligen Schwarz-Weiß-Grafiken findet man inzwischen auch auf Fahrscheinen, Visitenkarten und T-Shirts. Auch an Straßenbahnhaltestellen, Fahrkartenautomaten und touristischen Sehenswürdigkeiten können aktuelle Infos häufig per QR-Code abgerufen werden. Im Google Play Store finden sich diverse Apps zum Lesen von QR-Codes. Viele davon sind voller Werbung. Die hier vorgestellte Open-Source App ist werbefrei und bietet gegenüber manchen anderen noch diverse interessante Zusatzfunktionen.

1 Starten Sie den Barcode Scanner auf dem Smartphone und halten Sie die Kamera auf einen QR-Code.

2 Sowie der Code erkannt wurde, zeigt der Barcode Scanner den Inhalt an. Bei einem Weblink gibt es direkt die Möglichkeit, einen Browser zu starten. Die abgedruckten QR-Codes führen direkt in den Google Play Store. Wählen Sie zum Öffnen die Google Play App. Installieren Sie dann die jeweilige App wie gewohnt.

 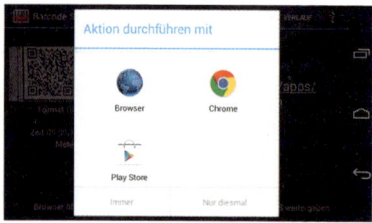

App mit dem Barcode Scanner installieren.

Nicht benötigte Apps wieder deinstallieren

Apps können auf drei verschiedenen Wegen wieder deinstalliert werden. Leider funktioniert nicht immer jede Methode bei jeder App, was unterschiedliche Gründe haben kann.

- **Apps über die Apps-Liste deinstallieren** – Am einfachsten deinstallieren Sie Apps direkt aus der Apps-Liste. Halten Sie den Finger länger auf die zu deinstallierende App, bis links oben das *Entfernen*-Symbol erscheint. Ziehen Sie die App auf dieses Symbol und bestätigen Sie die Sicherheitsabfrage.

- **Apps über den Google Play Store deinstallieren** – Im Google Play Store finden Sie auf der Seite *Meine Apps* unter *Installiert* alle aus dieser Quelle installierten Apps. Wählen Sie die App aus, die entfernt werden soll. Auf der Detailseite gibt es die Schaltfläche *Deinstallieren*. Vor der endgültigen Deinstallation erscheint noch eine Sicherheitsabfrage. Die ausgewählte App wird mit einem weiteren Klick deinstalliert.

- **Apps über die Systemeinstellungen deinstallieren** – Apps, die aus anderen Quellen installiert wurden, werden im Google Play Store nicht immer gefunden. Über die *Einstellungen* können Sie normalerweise jede App deinstallieren. Wählen Sie hier *Apps*, sehen Sie eine Liste aller installierten Apps mit Angaben, wie viel Speicherplatz jede einzelne App belegt. Wählen Sie in dieser Liste die App aus, die Sie entfernen möchten. Auf der nächsten Bildschirmseite können Sie diese App deinstallieren.

Die Alternative: Amazon App-Shop

Amazon bietet einen eigenen App-Shop für Android-Apps an, der zurzeit in Deutschland mit einer kostenlosen App jeden Tag beworben wird. Der Amazon App-Shop bietet alle bei Amazon üblichen Bezahlmethoden für Kauf-Apps an, nicht nur Kreditkarten, und ist auf Kindle-Fire-Tablets bereits vorinstalliert.

Auf anderen Smartphones muss der App-Shop erst installiert werden. Auf der Startseite des Amazon App-Shops für den PC – amzn.to/1e5lWnF – sehen Sie alle Apps und können sich eine E-Mail oder SMS mit dem Downloadlink aufs Handy schicken lassen, oder Sie nutzen den QR-Code zum Download des Amazon App-Shops.

Der Amazon App-Shop auf dem Smartphone.

Amazon bietet vor allem Spiele an, wobei die Kauf-Apps deutlich im Vordergrund stehen. Über die Suchfunktion findet man aber auch diverse kostenlose Apps. Etwas befremdlich wirkt, dass die Topdownloads der Freeware unter *Bestseller* zu finden sind. Zur Nutzung des Amazon App-Shops braucht man ein Amazon-Kundenkonto. Dort wird automatisch bei der Anmeldung im App-Shop das 1-Click-Kaufen aktiviert.

Apps unbekannter Herkunft zulassen

Je nach Einstellung des Smartphones kann bei der ersten Installation einer APK-Datei ein Hinweis erscheinen, dass Installationen aus unbekannten Quellen nicht zulässig oder sogar gefährlich sind. Direkt aus dieser

Apps unbekannter Herkunft zulassen

Meldung heraus besteht Zugriff auf die zugehörige Systemeinstellung, mit der man die Installation aus unbekannter Herkunft zulassen kann.

Installation aus unbekannten Quellen zulassen.

Hintergrund – gefährliche Apps

Die Installation einer App aus einer APK-Datei aus einer anderen vertrauenswürdigen Quelle ist technisch gleichermaßen sicher wie aus dem Google Play Store. Mit diesen Warnungen innerhalb des Betriebssystems macht Google Marketing für seinen Play Store. Auch dort haben es Entwickler immer wieder geschafft, bösartige Software zu verbreiten. Letztendlich ist jeder Anwender selbst dafür verantwortlich, welche Apps er auf seinem Smartphone oder Tablet installiert. Diese Verantwortung kann einem kein App-Shop-Betreiber abnehmen, egal ob Google Play oder ein anderer. Apps von unbekannten chinesischen Downloadseiten oder gar über ein Werbebanner zu installieren, ist dagegen leichtsinnig.

2. Surfen und mailen

Das Internet ist heute die wichtigste Funktion jedes PCs. Das gilt noch mehr für Smartphones und Tablets. Dementsprechend viele Apps helfen, das Internet bequemer zu nutzen, komfortabel zu surfen und zu mailen.

Browser und Surftools

Google Chrome

Hersteller: **Google Inc.**
Preis: **kostenlos**
Getestete Version: **Oktober 2014**

Auf aktuellen Android-Smartphones ist Chrome parallel zum Standardbrowser oft bereits vorinstalliert. Chrome bietet wie auf dem PC einen sehr

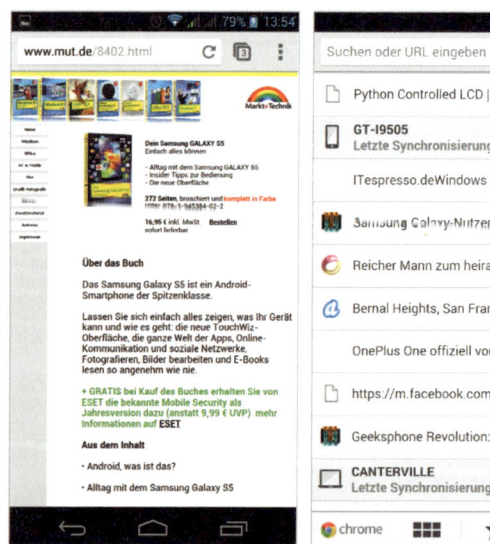

Google Chrome auf dem Smartphone.

schnellen Seitenaufbau, flüssiges Zoomen und Scrollen sowie Surfen in mehreren Tabs. Tabs und Lesezeichen werden zwischen PC und Smartphone synchronisiert, sodass man zu Hause direkt weitersurfen kann, wenn man unterwegs eine interessante Webseite entdeckt hat. Dazu müssen Sie sich nur beim ersten Start in Chrome mit Ihrem Google-Konto anmelden.

Firefox

Hersteller: **Mozilla**
Preis: **kostenlos**
Getestete Version: **September 2014**

Firefox für Android basiert auf der gleichen Technologie wie der beliebte Browser für PCs. Auch auf dem Smartphone überzeugt Firefox durch seine extrem schlanke wie auch funktionelle Oberfläche.

Firefox synchronisiert automatisch geöffnete Tabs mit dem PC.

Die aktuelle Firefox-Version unterstützt alle wichtigen aktuellen Webtechnologien wie Tabs, JavaScript sowie HTML-Layer und bietet auch schon sehr weitreichende HTML5-Unterstützung. Natürlich verfügt Firefox auch über alle Funktionen moderner Android-Browser wie einen privaten Modus, Umschaltung auf die Desktop-Version von Webseiten, Lesezeichen, Chronik und das Teilen von Internetadressen über verschiedene Kommunikationswege.

Per Firefox Sync lassen sich Lesezeichen, Passwörter und Formulareingaben mit anderen Geräten oder Firefox auf dem PC synchronisieren, sodass man nicht alles auf dem Smartphone neu eingeben muss. Sie finden die Lesezeichen sowie die Chronik der zuletzt geöffneten Webseiten automatisch auch auf dem Smartphone. Dazu legen Sie auf dem PC ein Firefox-Konto an und melden sich mit dem gleichen Konto auch bei Firefox für Android an.

Firefox Aurora

Hersteller: **Mozilla**
Preis: **kostenlos**
Getestete Version: **September 2014**

Für ganz Neugierige – oder Mutige – veröffentlichen die Mozilla-Entwickler immer schon die übernächste Firefox-Version, die noch nicht einmal Betastatus erreicht hat, unter dem Namen Aurora.

Aurora wird nicht über Google Play angeboten. Neue Versionen werden sehr häufig veröffentlicht, deshalb führt der abgebildete QR-Code nicht direkt zum Download, sondern auf die Seite, auf der man jederzeit die aktuellste Aurora-Version herunterladen kann.

Die Entwickler von Mozilla erbitten Telemetriedaten und Crash-Reports des Browsers, um Fehler frühzeitig zu finden. Da Mozilla ein nicht kommerzielles Projekt ist, gibt es hier auch keine bezahlten Betatester. Wer diese frühe Version des neuen Browsers nutzt, sollte so fair sein, diese Einstellungen zur Datenübertragung nicht abzuschalten. Nutzer mit Sorgen um ihre Privatsphäre sollten lieber den fertigen Firefox verwenden.

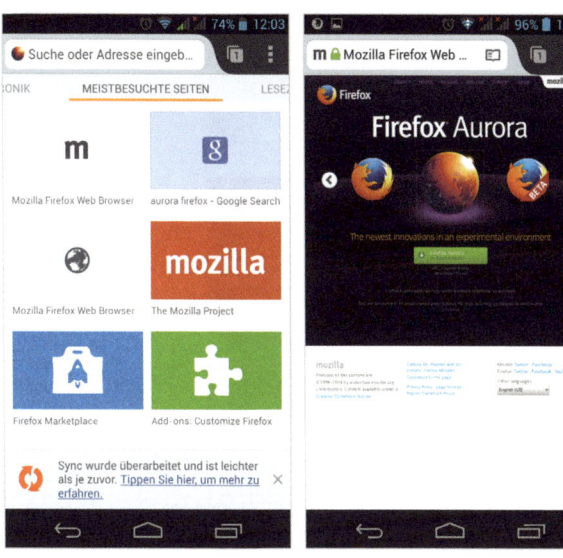

Firefox Aurora ist jetzt auch auf Deutsch erhältlich.

Opera Mini

Hersteller: **Opera Software ASA**
Preis: **kostenlos**
Getestete Version: **September 2014**

Opera Mini bietet einen Vollbildmodus und eine komfortable Navigation per Touchscreen oder Handytastatur. Verlinkte Webseiten können in neuen Bildschirmfenstern geöffnet und auf einfache Weise als Lesezeichen gespeichert werden. Ähnlich wie in der PC-Version ist ein automatisches Ausfüllen von Formularen und Vervollständigen von Internetadressen möglich.

2 Surfen und mailen

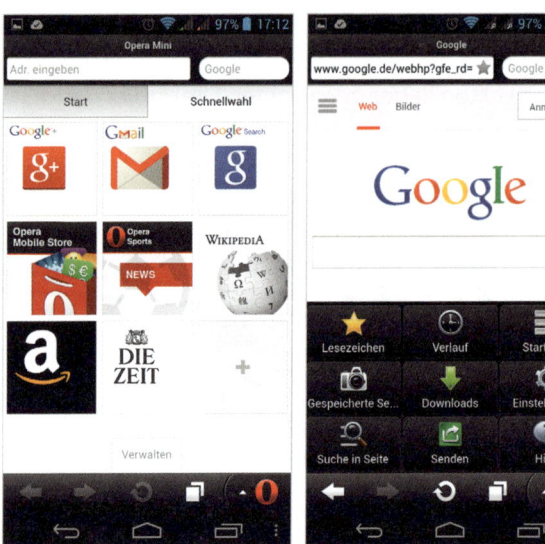

Startseite und fingerfreundliches Hauptmenü in Opera Mini.

Opera Mini verwendet eine serverseitige Komprimierung aller aufgerufenen Webseiten. Je nach Aufbau der Seite lässt sich das zu übertragende Datenvolumen um bis zu 90 % reduzieren, was der Geschwindigkeit des Seitenaufbaus zugutekommt und auch Datenvolumen spart. Webseiten, die keine Rücksicht auf die Bildschirmauflösung des Besuchers nehmen, sind auf Handys normalerweise nicht lesbar. Opera Mini kann Webseiten, die keine Smartphone-optimierte Darstellung kennen, so einspaltig umformatieren, dass sie ohne horizontales Scrollen darstellbar sind.

Dolphin Browser

Hersteller: **Dolphin Browser**
Preis: **kostenlos**
Getestete Version: **Oktober 2014**

Der Dolphin Browser zeigt Webseiten auf dem Smartphone so an, wie sie auch auf dem PC zu sehen wären. Komfortable Zoomfunktionen ermöglichen trotzdem eine einfache Navigation. Auf Wunsch kann bei jeder Webseite auf die mobil optimierte Darstellung umgeschaltet werden – vorausgesetzt, die jeweilige Seite bietet diese Variante an. Der Dolphin Browser unterstützt Fingergesten. Auf diese Weise lassen sich wichtige Browserfunktionen mit einem Fingerstrich steuern, ohne dass man Buttons und Menüs braucht. Gesten für wichtige Funktionen sind bereits vorinstalliert, weitere kann man sich z. B. zum Aufrufen wichtiger Webseiten selbst ausdenken. Ziehen Sie das Dolphin-Symbol von unten in Richtung Bildschirmmitte. Der Bildschirm wird heller, die aktuell dargestellte Webseite leicht abgedimmt.

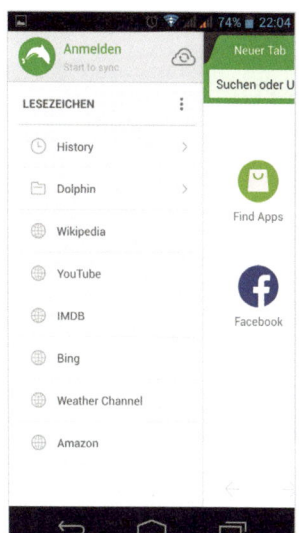
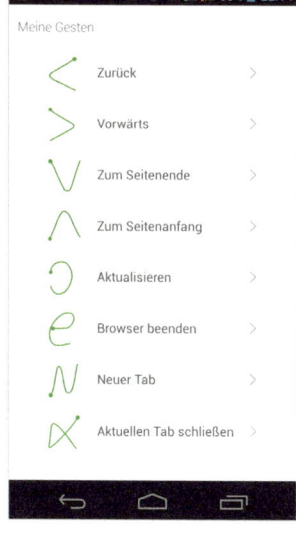

Der Dolphin Browser überzeugt durch innovative Bedienung.

Google Goggles

Hersteller: **Google Inc.**
Preis: **kostenlos**
Getestete Version: **Mai 2014**

Anstatt eine Suchanfrage bei Google einzutippen, fotografiert man einfach ein Objekt, Bild oder Logo und findet es so im Internet. Google Goggles funktioniert mit Text, Sehenswürdigkeiten, Büchern, Visitenkarten, Gemälden, Orten, Wein, Logos und anderen Objekten. Nachdem man etwas mit der Handykamera fotografiert hat, wird das Bild analysiert, und kurz darauf werden passende Suchergebnisse bei Google angezeigt. Fotografierter Text in fremden Sprachen kann mit dem Google Übersetzer automatisch online übersetzt werden.

Google Goggles erkennt Bilder, Strichcodes und Text.

Delicious

Hersteller: **Science Inc.**
Preis: **kostenlos**
Getestete Version: **Januar 2014**

Mit dieser App sehen Sie alle Ihre Lesezeichen aus dem Online-Bookmarkdienst Delicious und können nach Tags filtern, um schnell einen bestimmten Link wiederzufinden.

Dieses Plug-in trägt sich in die Liste unter *Teilen* im Browser ein und erscheint zusätzlich auch als eigene App. Leiten Sie einen Link über das Browsermenü an Delicious weiter, können Sie noch Titel, Notizen und Tags festlegen und dann das Lesezeichen auf Delicious speichern.

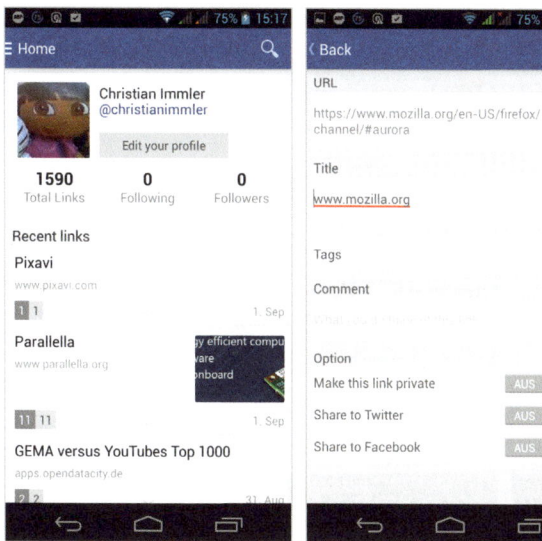

Delicious-Lesezeichen auf dem Smartphone nutzen.

E-Mail

K-9 Mail

Hersteller: **K-9 Dog Walkers**
Preis: **kostenlos**
Getestete Version: **Oktober 2014**

K-9 Mail wurde mit dem Ziel entwickelt, Probleme der Standard-Mail-App zu lösen. Diese funktioniert zwar recht gut mit ein oder zwei Mailkonten, in denen nur wenige Mails liegen, sie versagt aber kläglich bei Verwendung von mehr als fünf Mailkonten oder mehreren Tausend Mails pro Konto. Hier ist K-9 Mail die Lösung. Außerdem unterstützt die App Push-Mail, Yahoo Mail, Exchange mit WebDAV sowie Speichern von Anhängen auf der Speicherkarte.

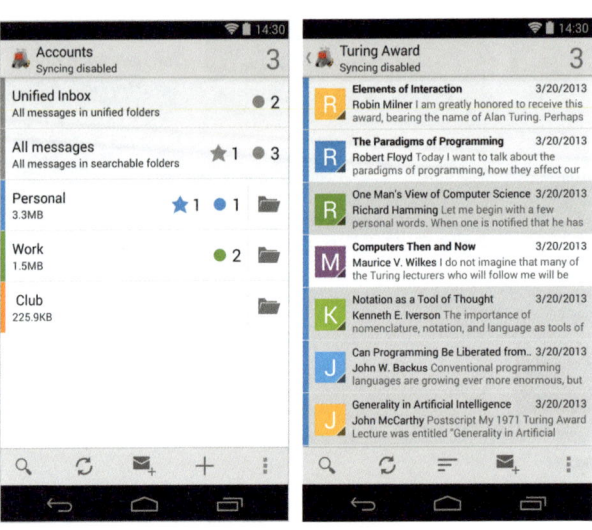

K-9 Mail für viele Mailkonten mit interessanten Zusatzfunktionen.

K-9 Mail kann die Benachrichtigungs-LED für jedes Mailkonto in einer anderen Farbe leuchten lassen, sodass sich verpasste E-Mails leicht unterscheiden lassen.

Hersteller: **MY.COM**
Preis: **kostenlos**
Getestete Version: **September 2014**

myMail ist ein neuartiger E-Mail-Dienst, der speziell für Smartphones optimiert ist. Man identifiziert sich über die Handynummer und einen Code, der per SMS zugeschickt wird. Dadurch entfällt das mühsame Anlegen eines Benutzerkontos mit Benutzernamen und Passwort. myMail bietet die Möglichkeit, neben dem Konto @my.com auch alle bisherigen Mailkonten bei bekannten E-Mail-Anbietern in die App zu integrieren. Unterstützt werden zurzeit Google Mail, Microsoft (Outlook.com, Hotmail, Office 365 ...), GMX, WEB.DE, T-Online, AOL, Freenet, Arcor, Yahoo!, Apple sowie die meisten IMAP- und POP3-Konten auf eigenen Domains.

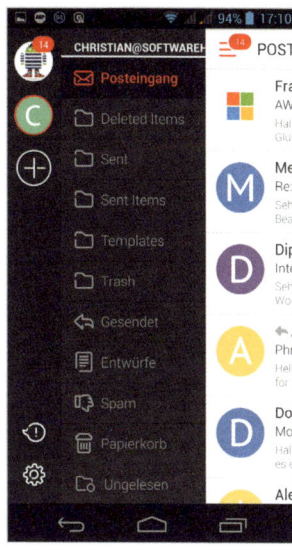

myMail überzeugt durch einfache Konfiguration und innovative Bedienung.

Die Apps der Freemailer

Viele der großen Freemail-Anbieter liefern eigene Apps für Android, um E-Mails zu lesen und zu schreiben. Diese Apps sind speziell auf den jeweiligen Anbieter zugeschnitten und bieten oft auch Zusatzfunktionen.

  **Freenet** – Freenet-Kunden können Inklusiv-SMS direkt aus der Mail-App schreiben.

		**GMX** – Anhänge können direkt im persönlichen Onlinespeicher abgelegt werden, sodass sie auf dem PC zur Verfügung stehen und auch für Freunde freigegeben werden können.
		**Outlook.com** – Kalender und Kontakte von Outlook.com können synchronisiert werden. Die serverseitige Suche findet jede E-Mail.
		**WEB.DE** – Bietet Zugriff auf die Ordner *Unbekannt* und *Spam*, Mails lassen sich als Spam markieren.
		**Yahoo!** – Yahoo Mail verwendet intelligente Ordner und eine leistungsstarke E-Mail-Suche, was ohne die eigene Yahoo-Mail-App nicht nutzbar ist.
		**1&1** – Die E-Mail-App für 1&1-Postfächer, auch bei Mailkonten auf eigenen Domains, die über 1&1 laufen.

Unterwegs bloggen

WordPress

Hersteller: **Automattic, Inc**
Preis: **kostenlos**
Getestete Version: **Oktober 2014**

WordPress bietet zwar seit der Version 3.9.x eine für Smartphones optimierte Darstellung des Backends, sodass theoretisch keine externe App mehr nötig ist, um von unterwegs Beiträge zu schreiben, Kommentare zu beantworten oder auch die Statistik des eigenen Blogs zu beobachten. Die App bietet jedoch deutlich mehr Komfort, besonders beim Hochladen von Fotos. Man kann direkt aus der App fotografieren oder Fotos aus der Galerie und Kamera über das *Teilen*-Symbol bloggen.

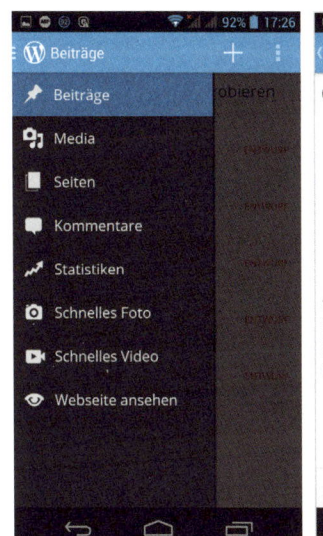

Die WordPress-App unterstützt Blogs bei wordpress.com wie auch selbst gehostete.

Blogger

Hersteller: **Google Inc.**
Preis: **kostenlos**
Getestete Version: **November 2013**

Googles Blogdienst Blogger liefert eine eigene App zum Bloggen vom Smartphone. Nachdem man sich mit seinem Google-Konto angemeldet hat, sind alle Blogs zu sehen, in denen man schreiben darf. Zusätzlich kann man sich eine Favoritenliste mit den Blogs anlegen, die man gerne unterwegs liest.

Tumblr

Hersteller: **Tumblr, Inc.**
Preis: **kostenlos**
Getestete Version: **Oktober 2014**

Auf kaum einem Blogsystem ist es so einfach, sich ein eigenes Blog anzulegen, wie bei Tumblr. Diese Plattform vereint persönliche Blogs mit den Funktionen sozialer Netzwerke. Aus der App heraus können Sie bloggen, persönliche Nachrichten lesen und versenden oder Personen aus dem Adressbuch des Handys auf Tumblr suchen und ihnen dort folgen. Tumblr bietet zwei Widgets an, um ein Blog auf dem Startbildschirm zu lesen und um schnell einen Text, einen Link oder ein Foto auf Tumblr zu posten, ohne erst die App starten zu müssen.

Tumblr-App und Tumblr-Widgets auf dem Startbildschirm.

3. Soziale Netzwerke und Chat

Die Kommunikation über soziale Netzwerke ist für viele Anwender inzwischen wichtiger als die klassische E-Mail oder SMS. Besonders auf Smartphones oder Tablets, die im Gegensatz zu PCs immer mehr in der Freizeit genutzt werden, spielen soziale Netze eine große Rolle.

Beliebte soziale Netzwerke auf dem Smartphone

Facebook

Hersteller: **Facebook**
Preis: **kostenlos**
Getestete Version: **Oktober 2014**

Der bequemste Zugang zu Facebook ist die von Facebook selbst gelieferte App für Android. Alternativ kann man Facebook auf dem Handy auch über die mobile Seite m.facebook.com nutzen. Dort gibt es auch einen Link zur Installation der Facebook-App. Die Facebook-App zeigt auf dem Smartphone Neuigkeiten, Freunde, Fotos, das Postfach und das eigene Profil an. Natürlich kann man auch Nachrichten beantworten oder selbst Statusmitteilungen veröffentlichen. Beim ersten Start der Facebook-App können Sie festlegen, dass Bilder, Statusmeldungen und Kontaktinformationen aus Facebook automatisch den Kontakten im Adressbuch hinzugefügt werden sollen. Dabei lässt sich sogar festlegen, ob alle Facebook-Freunde ins Adressbuch auf dem Handy übernommen oder nur die Daten ergänzt werden, wenn eine Person bereits im Adressbuch steht. Auf diese Weise bekommt man schnell fehlende Adressen, Telefonnummern, E-Mail-Adressen, Geburtsdaten oder auch Fotos von Freunden ins Adressbuch, ohne sie eintippen zu müssen. Zieht jemand um, bekommt eine neue Handynummer, E-Mail-Adresse oder Webseite, werden diese Daten automatisch im Smartphone-Adressbuch geändert, wenn der jeweilige Facebook-Freund als Kontakt im Adressbuch abgelegt oder mit einem dort vorhandenen Kontakt verknüpft ist. Facebook-Kontakte im Adressbuch werden mit einem Facebook-Symbol gekennzeichnet und können nicht bearbeitet werden. Die Daten werden nur angezeigt.

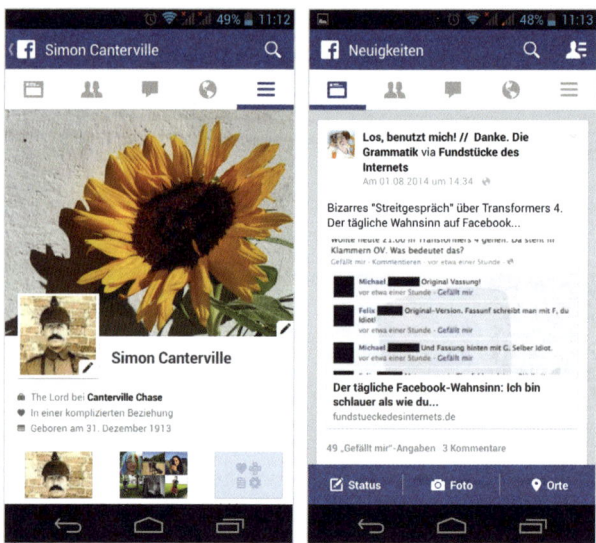

Die Facebook-App für Android.

Wichtige Einstellungen

Schalten Sie in der Facebook-App *Video-Autoplay* aus, da dies zu einem enormen Datenverbrauch im Mobilfunknetz führen kann. Standardmäßig spielt Facebook seit einiger Zeit Videos, vor allem auch Werbevideos, in der mobilen App automatisch ab. Ist diese Einstellung ausgeschaltet, erscheint bei Videos zunächst nur ein Platzhalter, erst beim Antippen wird das Video tatsächlich heruntergeladen und abgespielt. Weiterhin sollten Sie in den Benachrichtigungseinstellungen alle weniger wichtigen Meldungen ausschalten, da das Smartphone sonst bei jeder Kleinigkeit auf Facebook klingelt und blinkt und Sie wichtige von unwichtigen Meldungen nicht mehr unterscheiden können.

Beliebte soziale Netzwerke auf dem Smartphone

Twitter

Hersteller: **Twitter, Inc.**
Preis: **kostenlos**
Getestete Version: **Oktober 2014**

Mit der Twitter-App kann man von unterwegs twittern, Direktnachrichten, Fotos, Videos und Links an Freunde oder auch an alle schicken. Die Twitter-App bietet deutlich mehr Funktionen als die mobile Webseite von Twitter. Hier können Sie auch Listen, Trends und Erwähnungen sehen. Im eigenen Profil können Sie sich zudem die letzten eigenen Tweets sowie die Follower, also die Personen, die die eigenen Tweets lesen, anzeigen lassen. Weiterhin kann man in der Twitter-Anwendung den Twitter-eigenen Foto-Upload-Dienst nutzen. Man kann Listen und Trends sehen, Tweets, Themen und Hashtags suchen sowie Tweets von Personen in der näheren Umgebung finden. Twitter integriert sich automatisch in den Browser.

Die Twitter-App für Android.

Um einen interessanten Link auf Twitter zu veröffentlichen, brauchen Sie im Browser nur noch auf das Menüsymbol zu tippen und dann *Teilen* zu wählen. In der Liste der verfügbaren Sendemethoden finden Sie unter anderem auch die Twitter-App, wenn diese installiert ist.

Google+

Hersteller: **Google Inc.**
Preis: **kostenlos**
Getestete Version: **Oktober 2014**

Die Google+-App zeigt Nachrichten von Freunden nahezu in Echtzeit über die Push-Funktion an und benachrichtigt auf Wunsch bei neuen Nachrichten, auch wenn die App nur im Hintergrund läuft. Auch hier sollten Sie genau festlegen, wie Sie benachrichtigt werden möchten, da bei aktiven Nutzern sehr viele Nachrichten auflaufen können. Beim ersten Start kann man automatisch die Google+-Kontakte dem Adressbuch auf dem

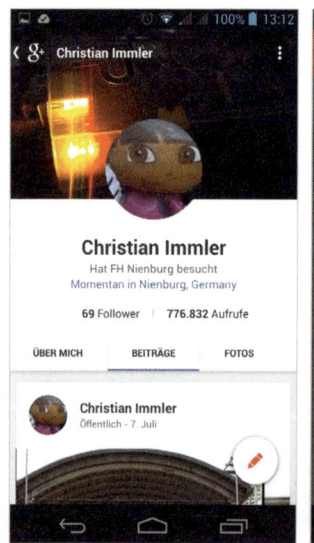 

Es ist sicher kein Zufall, dass die Google+-App der Facebook-App stark ähnelt.

Smartphone hinzufügen. Kontaktdaten von Personen aus Ihren Kreisen bei Google+ werden automatisch in das Adressbuch auf dem Smartphone übernommen. Auf diese Weise lässt sich das Adressbuch einfach aktuell halten. Dazu muss in den Einstellungen der Google+-App unter *Kontoeinstellungen/Kontakte* die Option *Kontakte aktuell halten* eingeschaltet sein. Fotos vom Smartphone können automatisch, wenn eine WLAN-Verbindung zur Verfügung steht, bei Google+ gesichert werden und lassen sich dann bequem im Browser auf dem PC betrachten und für Freunde freigeben.

Pinterest

Hersteller: **Pinterest, Inc.**
Preis: **kostenlos**
Getestete Version: **Oktober 2014**

Pinterest ist ein soziales Netzwerk, bei dem man zeigt, was einem im Internet gefällt. Anhand der von Freunden gepinnten Fotos und Grafiken

 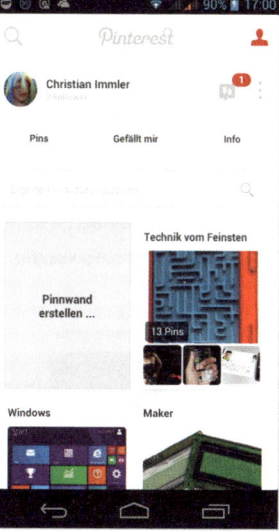

Freunden interessante Dinge im Internet zeigen.

kann man sich weiter inspirieren lassen und so manche interessante Webseite entdecken.

LinkedIn

Hersteller: **LinkedIn**
Preis: **kostenlos**
Getestete Version: **September 2014**

LinkedIn ist mit etwa 300 Millionen registrierten Nutzern das weltweit größte soziale Netzwerk für berufliche Kontakte.

Die App von LinkedIn bietet unterwegs die Möglichkeit, mit seinem Netzwerk in Kontakt zu bleiben, Nachrichten zu schreiben und Termine abzugleichen.

LinkedIn – weltweites Netzwerk für berufliche Kontakte.

Chatten mit dem Smartphone

WhatsApp Messenger

Hersteller: **WhatsApp Inc.**
Preis: **kostenlos (In-App-Käufe)**
Getestete Version: **September 2014**

Die Nummer 1 der kostenlosen Apps im Google Play Store ist immer mal wieder der Messenger WhatsApp. WhatsApp ist auf dem besten Weg, die SMS zu ersetzen, und überzeugt durch sein neues Konzept sowie die einfache Installation und Nutzung. WhatsApp ist das Vorbild für diverse ähnliche Messenger-Systeme. Zurzeit werden über WhatsApp mehr als 10 Milliarden Nachrichten pro Tag verschickt. WhatsApp hat ca. 450 Millionen Nutzer und gilt als der am schnellsten wachsende Internetdienst der Geschichte.

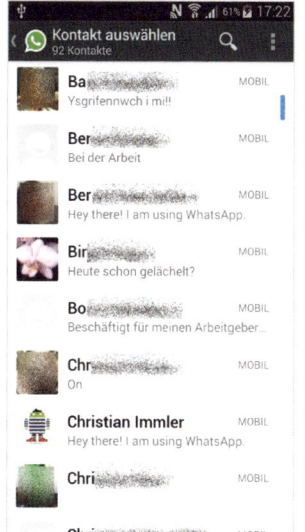 

Chatten per WhatsApp.

Etwa 43 % aller Android-Nutzer in Deutschland verwenden WhatsApp zum Chatten, was die Netzbetreiber als deutlichen Rückgang der SMS-Zahlen zu spüren bekommen.

WhatsApp nutzt die Internetverbindung des Handys und nicht den SMS-Dienst. So fallen keine SMS-Kosten an. Die Nutzung ist im Rahmen einer Internetflatrate kostenlos, außerdem kann WLAN zum Versand und Empfang der Nachrichten verwendet werden, was bei SMS nicht möglich ist.

Telegram

Hersteller: **Telegram Messenger LLP**
Preis: **kostenlos**
Getestete Version: **Oktober 2014**

WhatsApp war in den Medien wegen Datenschutzproblemen in Verruf geraten. Telegram bietet weitgehend die gleichen Funktionen, gilt aber als sehr sicher. Verglichen mit WhatsApp hat Telegram allerdings nur einen Bruchteil der Nutzer, weshalb Sie nur wenige Ihrer Freunde dort finden werden.

Google Hangouts

Hersteller: **Google Inc.**
Preis: **kostenlos**
Getestete Version: **September 2014**

Google Hangouts ist als Chat-App auf fast allen Android-Smartphones vorinstalliert. Damit können Sie mit allen Personen aus Ihrem Adressbuch chatten, die ein Google-Konto nutzen – egal ob auf dem Smartphone oder auf dem PC im Browser bei Gmail.

Google Hangouts unterstützt den Versand von Fotos, Videos und Google-Maps-Standorten. Auch Videogespräche sind direkt aus Google Hangouts möglich.

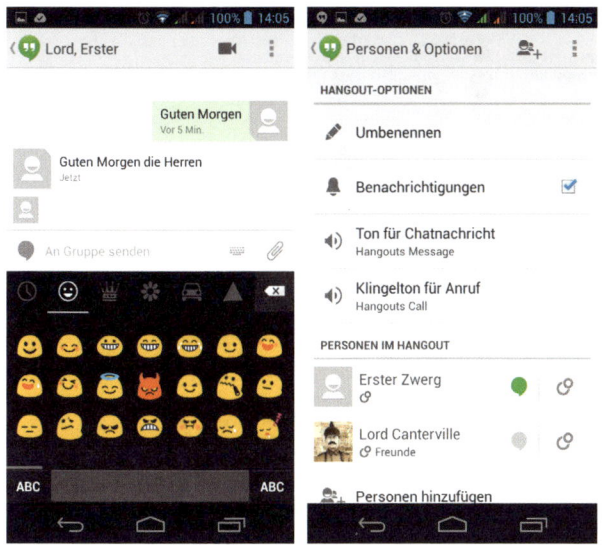

Chat mit Google Hangouts.

Facebook Messenger

Hersteller: **Facebook**
Preis: **kostenlos**
Getestete Version: **Oktober 2014**

Facebook hat die Chatfunktion aus der klassischen Facebook-App in einen eigenen Messenger ausgegliedert. Dieser läuft im Hintergrund und kann den Benutzer bei eingehenden Chatnachrichten per LED oder Signalton benachrichtigen.

Der Facebook Messenger ermöglicht auch Gruppenunterhaltungen sowie den Versand von Fotos oder Ortsangaben an Facebook-Freunde.

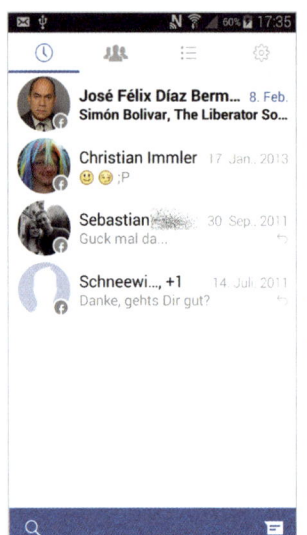

Chat im Facebook Messenger.

Skype

Hersteller: **Skype**
Preis: **kostenlos**
Getestete Version: **September 2014**

Skype ist auf dem PC schon lange für kostenlose Videotelefonie im Internet bekannt. Skype funktioniert wie ein Messenger. Man registriert sich einmal mit einem Microsoft-Konto und kann dann alle Freunde, die ebenfalls Skype verwenden, in eine Kontaktliste eintragen und deren Onlinestatus anzeigen lassen. Wie bei einem klassischen Messenger lassen sich auch Textnachrichten übertragen. Mit Skype können Sie nicht nur mit anderen Skype-Nutzern kostenlos chatten und telefonieren, sondern auch zu sehr günstigen Preisen in das normale Telefonnetz der meisten Länder

der Welt anrufen. Dazu kauft man ähnlich wie bei einer Prepaid-Karte online ein SkypeOut-Guthaben und wählt dann in der App die Telefonnummer. Skype verwendet nicht das Mobilfunk-Telefonnetz, sondern eine Internetverbindung. Die App funktioniert am besten über WLAN, aber auch über UMTS oder HSDPA.

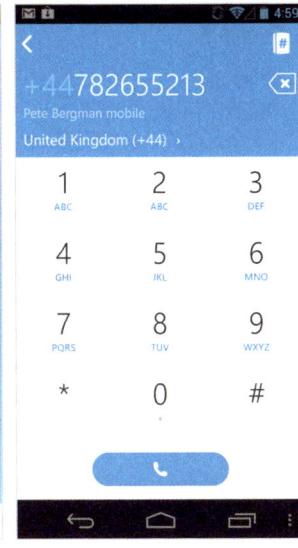

Telefonieren und Chatten über Skype.

IM+

Hersteller: **Shape**
Preis: **kostenlos (In-App-Käufe)**
Getestete Version: **November 2013**

Der IM+ als All-in-one-Messenger ermöglicht es, die auf dem PC beliebten Messenger-Dienste Facebook, Skype, Yahoo!, AIM/iChat, ICQ, Jabber und diverse andere simultan zwischen mobilen Geräten und PCs in Echtzeit zu nutzen.

Walking Text

Hersteller: **Andpi**
Preis: **kostenlos**
Getestete Version**: Januar 2014**

Immer wieder hört man Geschichten von Leuten, die beim Schreiben einer SMS unterwegs gegen eine Hauswand oder vor ein Auto gelaufen sind. In London hat ein großer Mobilfunknetzbetreiber Straßenlaternen mit dicken Schaumgummiröhren ummantelt – die natürlich Werbung tragen –, damit sich die Menschen nicht verletzen.

Walking Text schützt vor solchen Unfällen. Die App blendet das aktuelle Kamerabild in das Schreibfenster ein, sodass man immer sieht, wohin man gerade läuft, ohne vom SMS-Schreiben aufblicken zu müssen.

Mit Walking Text sieht man beim Schreiben, was vor einem liegt.

4. Notizen, Kalender, Wecker

Jedes Android-Smartphone hat einen Kalender und einen Wecker vorinstalliert. Alternative Apps bieten aber teilweise deutlich mehr Komfort und Zusatzfunktionen.

Notizen

Google Notizen

Hersteller: **Google Inc.**
Preis: **kostenlos**
Getestete Version: **Juli 2014**

Mit der App Google Notizen können Sie unterwegs schnell und einfach Notizen verfassen und zudem auf Ihre zu Hause im Browser unter

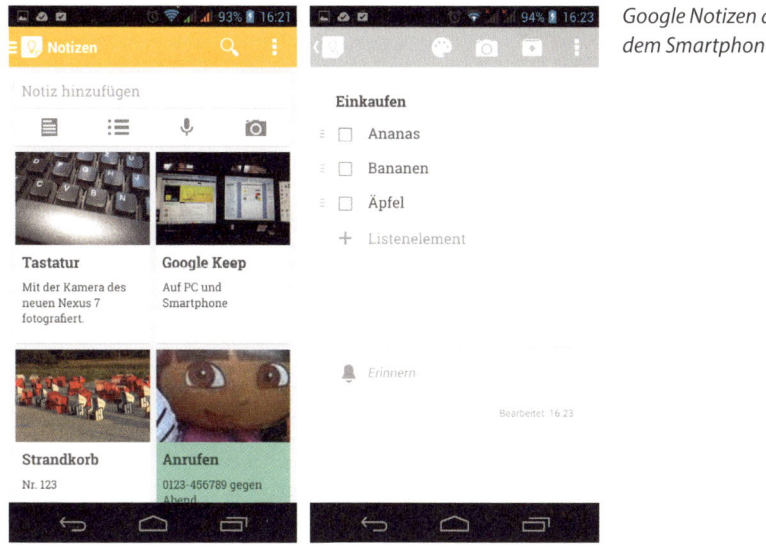

Google Notizen auf dem Smartphone.

keep.google.com erstellten Notizen unterwegs zugreifen. Änderungen in der Android-App werden automatisch auf dem PC übernommen.

Evernote

Hersteller: **Evernote Corporation**
Preis: **kostenlos**
Getestete Version: **September 2014**

Evernote ist ein erweitertes persönliches Notizbuch im Internet, das man immer und überall dabeihat. Schnell eine Textnotiz eintippen, ein Foto schießen oder einen Weblink speichern und bei Evernote ablegen. Alle Notizen werden automatisch für die Suchfunktion indiziert und lassen sich in Notizbüchern übersichtlich ablegen. Auf dem PC kann Evernote im Webbrowser unter www.evernote.com und auch als eigenständige Anwendung genutzt werden.

 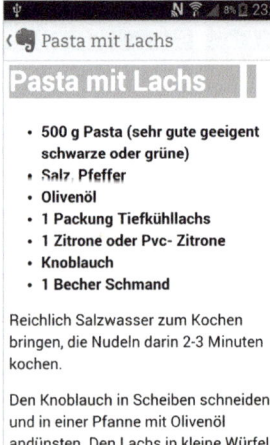

Die App von Evernote auf dem Smartphone.

OneNote

Hersteller: **Microsoft**
Preis: **kostenlos (In-App-Käufe)**
Getestete Version: **September 2014**

Microsofts Notizblock OneNote ist auch für Android verfügbar. Notizen, die auf dem PC im Microsoft-Konto oder über onenote.com online abgelegt wurden, werden automatisch mit dem Smartphone synchronisiert und können dort auch bearbeitet werden.

Die App liefert ein Widget für den Startbildschirm mit, um schnell auf wichtige Notizen zugreifen zu können.

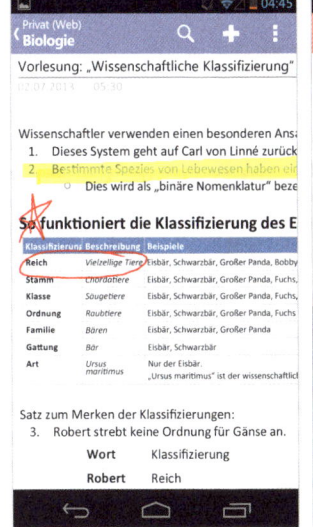 

OneNote auf dem Smartphone.

Kalender

Business Calendar

Hersteller: **Appgenix Software**
Preis: **kostenlos (Pro-Version 4,75 €)**
Getestete Version: **Oktober 2014**

Der Kalender eines Android-Handys reicht im privaten Alltag zwar aus, für Geschäftsleute bietet er eindeutig zu wenig. Business Calendar bietet scroll- und zoomfähige Ansichten für 1–14 Tage sowie deutlich mehr Möglichkeiten, Termine einzutragen.

Besonders bei den Optionen für Terminwiederholungen und bei der intuitiven Bedienung zeigt der Business Calendar seine Stärken.

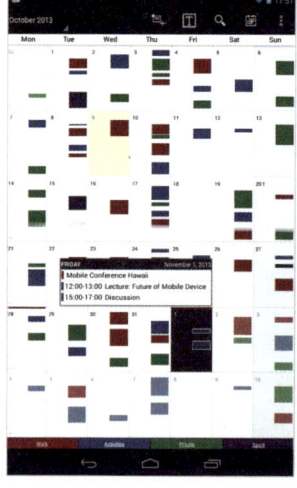 

Umfangreiche Kalender-App für geschäftliche und private Termine.

Kalender

aCalendar

Hersteller: **Tapir Apps GmbH**
Preis: **kostenlos (Pro-Version 2,99 €)**
Getestete Version: **September 2014**

aCalendar liefert nach, was dem Android-Kalender fehlt: übersichtliche Kalenderdarstellungen mit Widgets auf dem Startbildschirm, Termine kopieren, Anzeige von Kontaktfotos zu Terminen, NFC-Datenaustausch mit anderen Geräten, Anzeige von Mondphasen und vieles mehr.

 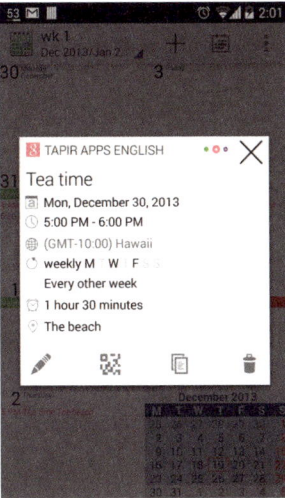

aCalendar bietet intuitive Bedienung und interessante Zusatzfunktionen gegenüber dem Standardkalender.

Stundenplan Deluxe

Hersteller: **Tobias Schürg**
Preis: **kostenlos (Pro-Version 2,50 €)**
Getestete Version: **Juni 2014**

Auch in den Zeiten von Smartphones haben die meisten Schüler, Studenten, Eltern und Lehrer die Stundenpläne – in Tabellenform auf Papier mit Hand geschrieben – in der Küche hängen. Dabei gibt es eine kostenlose App, die den persönlichen Stundenplan auf dem Smartphone deutlich übersichtlicher anzeigt. Dank verschiedener Farben und wählbarer Ansichten findet man jede Vorlesung, wiederholte Termine und auch Prüfungen, die sich ebenfalls sehr übersichtlich verwalten lassen. Neben Schulstunden erfasst die App auch Noten sowie Freizeitaktivitäten.

Der Stundenplan für Schule und Studium.

Uhren, Wecker und Zeitplanung

AlarmDroid

Hersteller: **Fabian Lueghausen**
Preis: **kostenlos (Pro-Version 1,49 €)**
Getestete Version: **Oktober 2014**

Der Wecker, der auf Android-Handys mitgeliefert wird, erfüllt zwar seinen Zweck, aber es geht noch besser, wie die App AlarmDroid zeigt. Wer sich morgens nach dem ersten Klingeln gerne noch einmal umdreht, kann dies hier auch tun. Dreht man das Handy um, wird der Wecker in einen Schlummermodus versetzt und meldet sich erst ein paar Minuten später wieder.

Wecker mit Schlummermodus und Zeitansage.

Dabei kann man sogar einstellen, wie oft und wie lange man schlummern darf, bevor der Wecker gnadenlos weiterklingelt. Statt eines einfachen Klingelns kann man sich auch mit einer persönlichen Musikplaylist oder einem Internetradiostream wecken lassen. Der Wecker kann mit der Zeit immer lauter klingeln, wenn er eine Weile ignoriert wurde. Die Lautstärke von AlarmDroid ist unabhängig von den Systemeinstellungen für die Lautstärke von Apps. So ist der morgendliche Wecker nicht zu überhören, auch wenn man das Smartphone am Abend leise oder gar lautlos gestellt hat. Zusätzlich kann man sich beim Wecken auch die aktuelle Uhrzeit und das Wetter ansagen lassen, um sofort zu erkennen, ob sich das Aufstehen lohnt.

Wave Alarm

Hersteller: **Bigger Fish, LLC**
Preis: **kostenlos (In-App-Käufe)**
Getestete Version: **April 2014**

Wave Alarm ist nicht nur eine Uhr, die wirklich gut aussieht und deren Helligkeit sich in der Nacht mit einem einfachen Fingerstrich reduzieren lässt, die App bietet auch komfortable Weckfunktionen.

Mit einer Handgeste kann man, ohne das Smartphone im Halbschlaf greifen zu müssen, die Schlummerfunktion des Weckers aktivieren.

 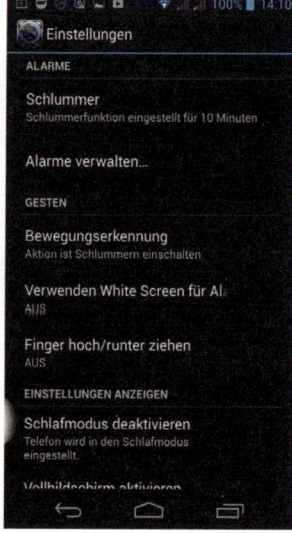

Komfortabler Wecker mit Gestensteuerung.

Snoozer

Hersteller: **Tobias Schürg**
Preis: **kostenlos**
Getestete Version: **Juni 2014**

Snoozer schaltet das Smartphone während einer Besprechung, im Kino oder bei einem Date für eine bestimmte Zeit wahlweise lautlos oder offline und später automatisch wieder laut und online, ohne dass Sie selbst daran denken müssen.

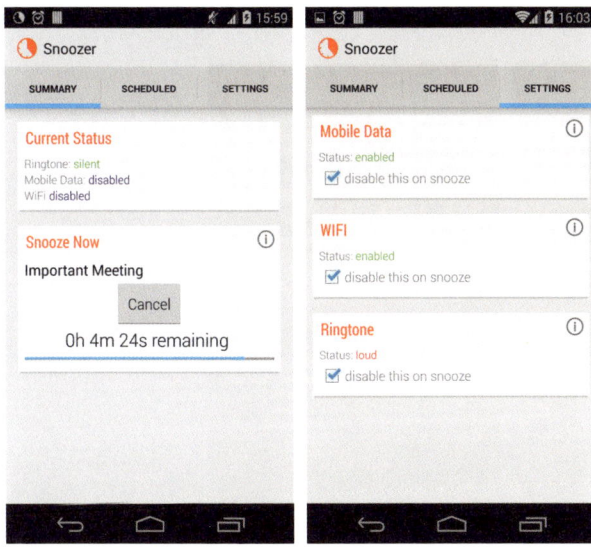

Das Smartphone in bestimmten Situationen automatisch lautlos stellen.

Gleeo Zeiterfassung

Hersteller: **Gridvision Engineering GmbH**
Preis: **kostenlos**
Getestete Version: **Oktober 2014**

Wer an mehreren Projekten arbeitet und diese nach Zeit abrechnet, braucht eine einfache Lösung, Zeiten sofort zu erfassen, nicht erst am Ende des Tages.

Mit der Gleeo Zeiterfassung kann man mit einfachem Antippen zwischen Projekten wechseln und Zeiten erfassen.

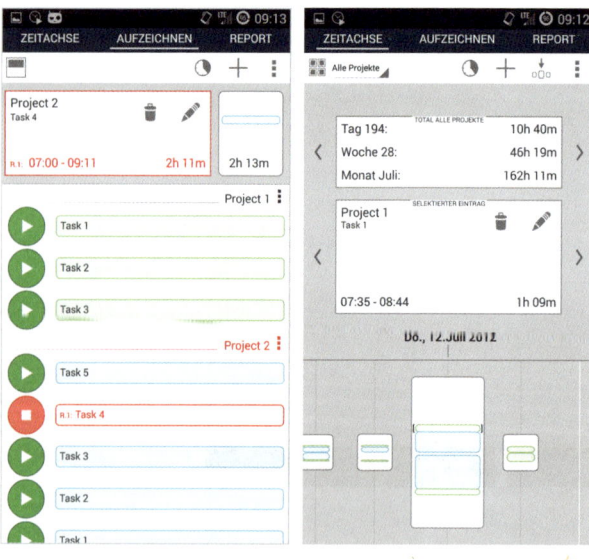

Projektbasierte Zeiterfassung.

Binary Clock Live Wallpaper

Hersteller: **Brian Mortenson**
Preis: **kostenlos**
Getestete Version: **Juli 2013**

Binäruhren zeigen die Zeit durch Binärdarstellung einzelner Ziffern grafisch an. Was auf den ersten Blick einfach nur cool aussieht, ist nach einer kurzen Eingewöhnungszeit sogar leicht ablesbar.

Dieses Livehintergrundbild bringt eine Binäruhr als Hintergrund auf den Startbildschirm.

 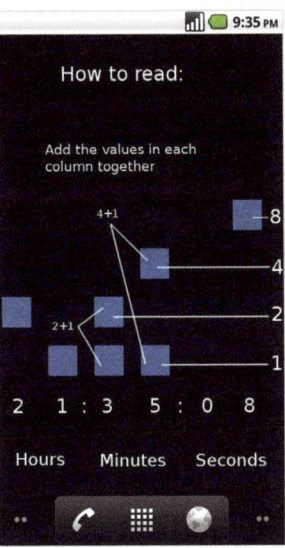

Binäruhr als Livehintergrund.

5. Reisen

Wer unterwegs ist, braucht eine Landkarte oder einen Stadtplan des Urlaubsortes. Landkarten auf dem Smartphone haben gegenüber ihren auf Papier gedruckten großformatigen Vorgängern einige Vorteile.

Sie können deutlich aktueller sein als Pläne auf Papier, die auch in Urlaubsregionen höchstens einmal im Jahr erneuert werden, und der eigene Standort lässt sich per GPS direkt auf der Karte anzeigen. Dazu kommt eine präzise Suchfunktion, die selbst kleine Orte oder einzelne Straßen in Sekundenschnelle findet.

Landkarten

Google Maps

Hersteller: **Google Inc.**
Preis: **kostenlos**
Getestete Version: **August 2014**

Google Maps hat sich zur wichtigsten Quelle für Landkarten und geografische Informationen im Internet entwickelt. Genauso einfach, wie die Suchmaschine Google irgendetwas im Internet findet, findet Google Maps die genaue Position in der realen Welt. Google Maps findet über das Suchfeld nicht nur Orte, sondern auch Straßennamen, Läden, Hotels und Restaurants. Dabei wird immer zuerst in der unmittelbaren Umgebung gesucht.

Neben interaktiv verschiebbaren und zoombaren Karten lassen sich auch die bekannten Satellitenbilder von Google unterwegs verwenden. Mit zwei Fingern dreht man die Ansicht, die normalerweise nach Norden ausgerichtet ist.

Landkarten

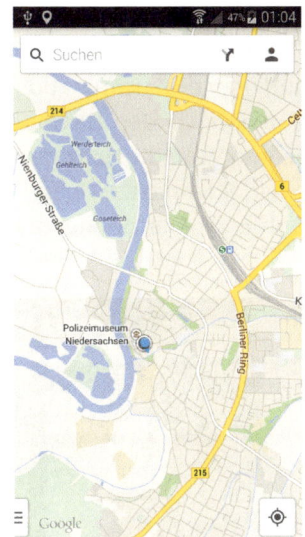 

Karten und Luftbilder in Google Maps.

Routenplanung mit Google Maps

Google Maps enthält einen vollwertigen Routenplaner. Hier kann man wahlweise optimale Strecken für Autofahrer oder Fußgänger errechnen lassen. Dabei wird neben der Entfernung auch die voraussichtliche Zeit für den Weg ermittelt. Die Routenplanung für öffentliche Verkehrsmittel funktioniert inzwischen in Deutschland ebenfalls sehr zuverlässig. Google Maps greift dabei auf Echtzeitdaten der Deutschen Bahn und anderer Verkehrsbetriebe zu.

Google Earth

Hersteller: **Google Inc.**
Preis: **kostenlos**
Getestete Version: **November 2013**

Auf einem Google-Vorzeigeprodukt wie Android darf natürlich der faszinierende interaktive Weltatlas Google Earth nicht fehlen. Mit einem Fingerstrich kann man um die ganze Welt reisen und über die Suchfunktion Orte, Plätze und sogar ausgewählte Geschäfte und Hotels finden. Da Google Earth erwartungsgemäß sehr hohe Anforderungen an die Hardware stellt, läuft die App auf einfacheren Smartphones leider nicht. Die dreidimensionalen Gebäudemodelle sind nur auf High-End-Smartphones mit 3-D-Grafikprozessor zu sehen.

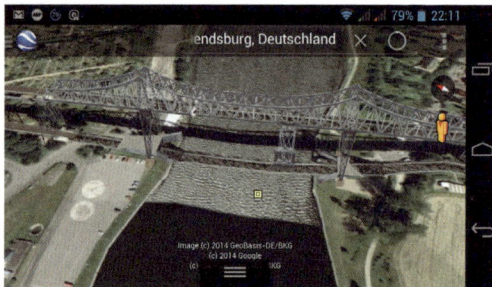

Brandenburger Tor und Rendsburger Hochbrücke in Google Earth.

Google Earth verwendet eine komfortable Multitouch-Navigation über Fingergesten mit einem oder zwei Fingern:

- Streichen Sie mit einem Finger über den Bildschirm, um den Globus zu drehen.
- Durch das Auseinander- und Zusammenziehen von zwei Fingern und gleichzeitiges Drehen können Sie die Karte heranzoomen bzw. wieder herauszoomen und Ihren Blickpunkt ändern.

- Ziehen Sie zwei Finger über den Bildschirm, um die Ansicht zu neigen.
- Durch Doppeltippen mit einem Finger wird die Karte herangezoomt.
- Durch Doppeltippen mit zwei Fingern können Sie herauszoomen.

OsmAnd

Hersteller: **OsmAnd**
Preis: **kostenlos (Pro-Version 6,99 €)**
Getestete Version: **August 2014**

Die Navigations-App OsmAnd navigiert auf der Basis von OpenStreetMap-Kartenmaterial, das offline auf dem Smartphone gespeichert werden kann. Die Berechnung der eigentlichen Route erfolgt online, wofür aber nur geringes Datenvolumen erforderlich ist, da kein Kartenmaterial übertragen wird. Bei der Planung der Route kann OsmAnd zwischen Auto, Fahrrad und Fußgängerrouten wählen.

 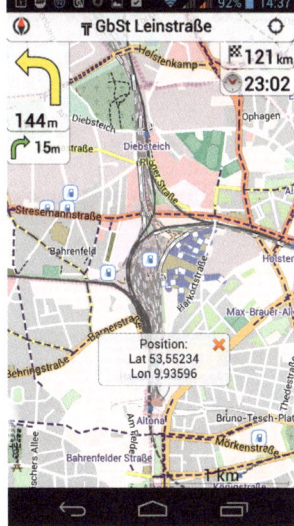

Navigation für Fußgänger, Radfahrer und Autofahrer auf OpenStreetMap-Basis.

5 Reisen

Fahrpläne für Bahn und Bus

DB Navigator

Hersteller: **Deutsche Bahn**
Preis: **kostenlos**
Getestete Version: **Oktober 2014**

Der DB Navigator, die App der Deutschen Bahn, bietet eine Online-Fahrplanauskunft mit Echtzeitdaten zur aktuellen Verkehrslage. Hier erfährt man schnell, ob ein Zug pünktlich ist und Anschlüsse passen. Anhand der eigenen Position kann die nächste Haltestelle in der Umgebung gefunden werden. Fahrkarten können direkt aus der App heraus als Handyticket gebucht werden. Besonders interessant während der Fahrt sind die sehr übersichtlichen Informationen zu Verspätungen. So kann man auf einen Blick sehen, welche Anschlusszüge erreicht werden und welche Alternativen es gibt, wenn es wirklich mal zu spät wird.

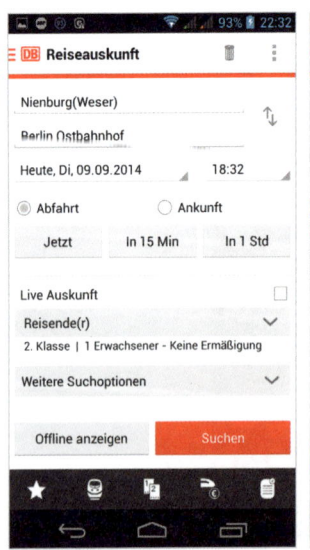
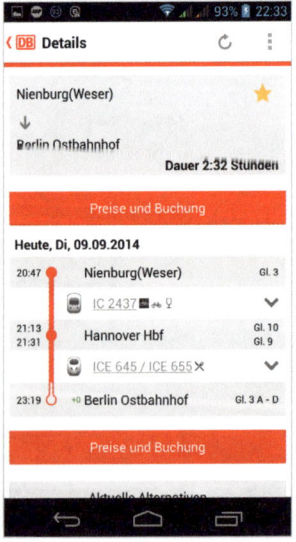

Echtzeit-Fahrplanauskunft im DB Navigator.

Der DB Navigator bietet Widgets für den Startbildschirm an. Damit können Sie Shortcuts für bestimmte Verbindungen, komplette Fahrplantafeln für eine Strecke oder Abfahrtstafeln für bestimmte Bahnhöfe auf den Startbildschirm legen.

Die entsprechenden Fahrpläne müssen vorher im DB Navigator offline gespeichert werden und können dann beim Anlegen des Widgets übernommen werden.

> **Zugriff auf Kalender und Kontakte gewähren**
>
> Beim ersten Start sollten Sie der App Zugriff auf Kontakte und Kalender geben. Dann können geplante Fahrten direkt als Termin in den Kalender eingetragen werden, und Sie können Adressen aus dem Adressbuch als Ziel einer Reise angeben, ohne die nächste Haltestelle kennen zu müssen.

Apps der Verkehrsverbünde

Auf der Basis des DB Navigators bieten verschiedene Verkehrsverbünde in Deutschland ähnliche Apps an, die alle regionalen Verkehrsmittel und teilweise noch besondere Zusatzfunktionen enthalten.

		S-Bahn Berlin
		Verkehrsverbund Berlin-Brandenburg

		Verkehrsverbund Bremen/Niedersachsen
		S-Bahn München
		S-Bahn Stuttgart

DB Zugradar

Hersteller: **Deutsche Bahn**
Preis: **kostenlos**
Getestete Version: **April 2014**

Die App DB Zugradar zeigt alle Züge des Nah- und Fernverkehrs der Deutschen Bahn live auf einer Karte an. Damit hat man immer einen Überblick über die aktuelle Verkehrslage. Über die Suche lassen sich bestimmte Züge schnell finden.

Leider verwendet die App keine GPS-Daten der Züge, sondern nur berechnete Daten, sodass es besonders bei kurzfristigen Betriebsstörungen zu Abweichungen kommen kann.

Fahrpläne für Bahn und Bus

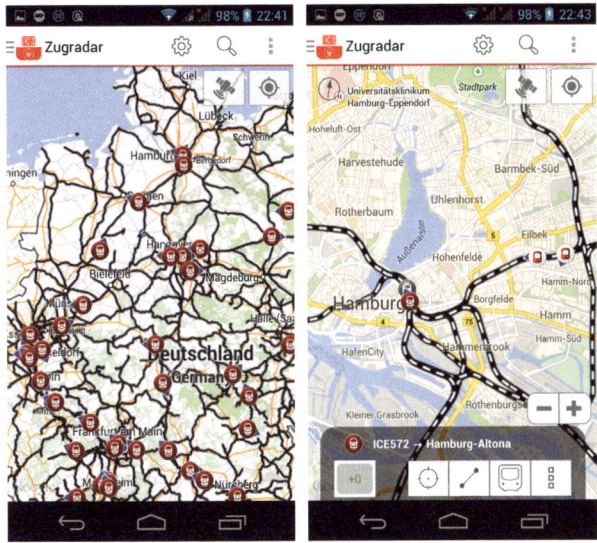

Aktuelle Positionen der Züge im Schienennetz der DB.

Öffi

Hersteller: **Andreas Schildbach**
Preis: **kostenlos**
Getestete Version: **Oktober 2014**

Öffi ist ein Routenplaner für Verkehrsnetze in zahlreichen deutschen Großstädten. Die App zeigt die Streckennetze der U- und S-Bahnen in den Ballungsräumen an und findet per Suchfunktion oder GPS jede Haltestelle in der Umgebung. Die notwendigen Daten werden online aus den aktuellen Datenbanken der jeweiligen Verkehrsverbünde übernommen. Die interessanteste Funktion ist das Routing zwischen zwei beliebigen Haltestellen. Die App findet die kürzeste Verbindung oder die, bei der man am wenigsten umsteigen muss, und zeigt diese auf dem Stadtplan an.

In einer Zeitbalkenansicht sieht man alle Fahrmöglichkeiten in nächster Zeit sehr übersichtlich dargestellt. Bei Verspätungen werden in Echtzeit aktuelle Abfahrtszeiten angezeigt. Dazu liefert Öffi zoombare Liniennetzpläne von zahlreichen Verkehrsverbünden in Deutschland und auch aus anderen europäischen Ländern.

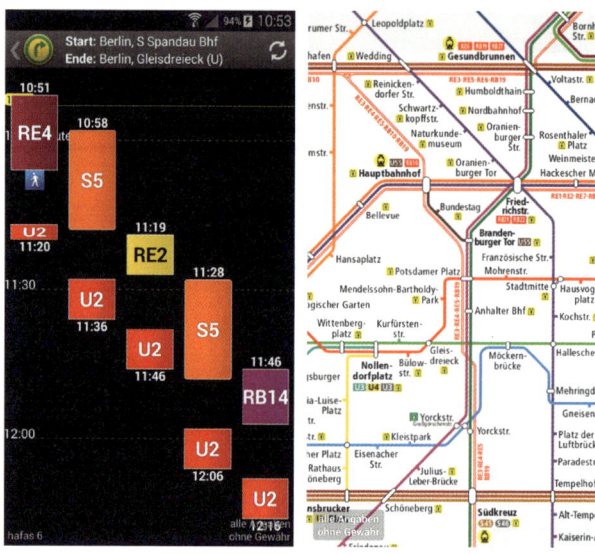

Öffi bietet viel mehr als die offiziellen Apps der U- und S-Bahnen in Deutschland.

Apps für Flugreisende

Skyscanner

Hersteller: **Skyscanner Ltd**
Preis: **kostenlos**
Getestete Version: **September 2014**

Einen günstigen Flug zu finden, ist wesentlich komplizierter als eine Bahnverbindung, da bei Flügen diverse Anbieter miteinander konkurrieren. Verschiedene Internetportale haben sich auf die Flugsuche und Buchung spezialisiert. Eine bekannte derartige Webseite, Skyscanner, bietet eine eigene App an, mit der man komfortabel preisgünstige Flüge findet. Nach-

Apps für Flugreisende

dem man Start- und Zielort sowie die gewünschten Flugtage angegeben hat, sucht Skyscanner Flüge und zeigt diese nach Preisen sortiert an. Zu jedem Flug findet man Flugnummer und genaue Zeiten, auch bei Umsteigeverbindungen. Eine Grafik liefert auf einen Blick die Preisentwicklung für die nächsten Tage.

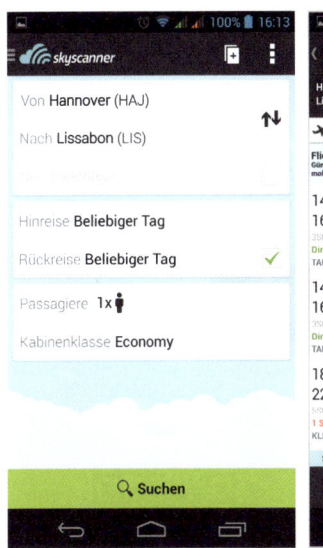
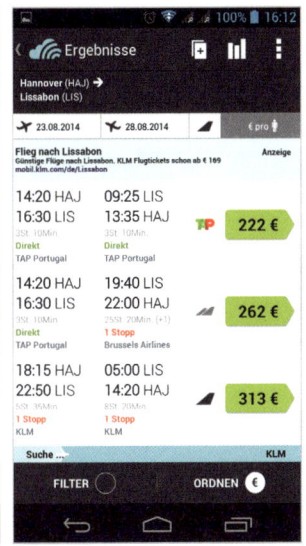

Skyscanner sucht preisgünstige Flüge auf dem Smartphone.

Flightradar24

Hersteller: **Flightradar24 AB**
Preis: **kostenlos (Pro-Version 2,69 €)**
Getestete Version: **Januar 2013**

Ständig fliegen Hunderte Flugzeuge über unsere Köpfe hinweg, aber welches fliegt wohin? Die App Flightradar24 kennt sie alle. Auf einer Karte sind alle Flüge in Echtzeit zu sehen, mit Flugnummer und Route. Besonders interessant: Halten Sie das Handy mit der Kamera auf ein Flugzeug am Himmel, zeigt Flightradar24, welches es ist und wohin es fliegt.

5 Reisen

Flightradar24 kennt jedes Flugzeug am Himmel.

Apps deutscher Fluglinien

Lufthansa

easyJet

Germanwings

Ryanair

Apps für Autofahrer

Blitzer.de

Hersteller: **Eifrig Media GmbH**
Preis: **kostenlos (Pro-Version 4,99 €)**
Getestete Version: **Juni 2014**

In der Community Blitzer.de erfassen über drei Millionen Autofahrer regelmäßig mobile Radarfallen im deutschsprachigen Raum. Diese Daten sowie über 60.000 fest installierte Geschwindigkeitskontrollen werden von der App lagerichtig anhand der eigenen GPS-Position angezeigt.

Kommt man in die Nähe eines Blitzers, kann eine optische oder akustische Warnung erscheinen. Die Datenbank wird alle fünf Minuten aktualisiert, um auch die neuesten Blitzer zu melden.

Blitzer.de warnt, bevor es zu spät ist.

Stau Mobil

Hersteller: **Netbiscuits GmbH**
Preis: **kostenlos**
Getestete Version: **Juni 2014**

Diese App holt sich aus dem Internet vom ADAC regelmäßig die aktuellen Stauinformationen auf deutschen Autobahnen sowie Bundesstraßen und zeigt abhängig von der eigenen Position die nächsten Staus in der Umgebung an.

Direkt aus der App kommt man auf die Google-Maps-Karte, um sich bei größeren Staus eine alternative Route zu suchen.

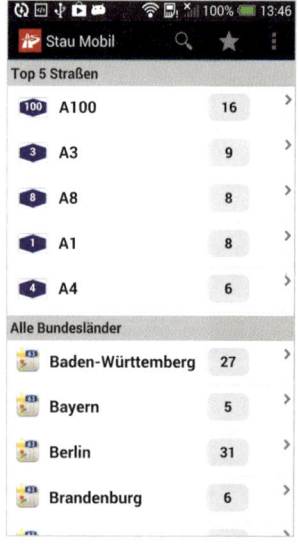 

Aktuelle Stauinformationen des ADAC.

Apps für Autofahrer

Parkdroid

Hersteller: **Anagog**
Preis: **kostenlos**
Getestete Version: **September 2014**

Hat man sein Auto in einer fremden Stadt abgestellt, um diese zu erkunden, oder will man einfach nur mal spontan etwas einkaufen oder essen gehen, stellt sich danach die Frage: Wo ist das Auto? Parkdroid speichert nach dem Start mit einem Tipp auf die Flagge die aktuelle Position des geparkten Fahrzeugs und zeigt diese auf einer Karte an.

Zusätzlich kann man noch einstellen, ob es eine kostenfreie oder kostenpflichtige Parklücke ist. In diesem Fall kann man sich eine Erinnerung an das Ablaufen der Parkzeit setzen.

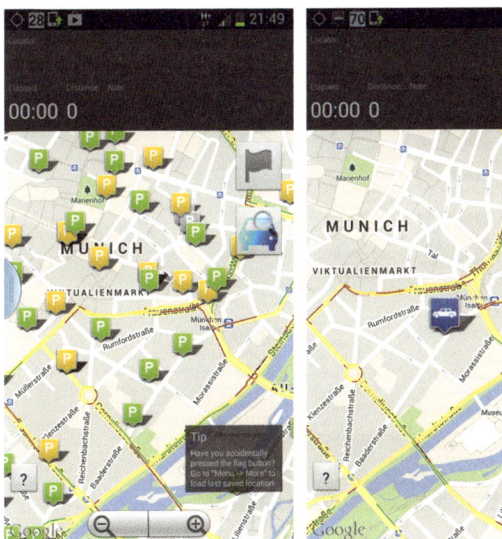

Das eigene Auto und freie Parkplätze finden.

Autonetzer

Hersteller: **Autonetzer GmbH**
Preis: **kostenlos**
Getestete Version: **Juni 2014**

Nicht immer braucht man unbedingt ein eigenes Auto. Mit der App Autonetzer können Sie von einer Privatperson in Ihrer Nähe für einen festen Tagessatz das Auto mieten.

Die Autonetzer Community organisiert deutschlandweit die Vermittlung von Autos von privat an privat. So kann man sich mit dem eigenen wenig genutzten Auto noch etwas dazuverdienen, indem man es in der Zeit, in der man es nicht braucht, vermietet.

Carsharing von privat an privat.

Telefonbücher

Das Telefonbuch

Hersteller: **DasTelefonbuch**
Preis: **kostenlos**
Getestete Version: **Juli 2014**

Das Telefonbuch der Telekom war früher aus keinem Haushalt wegzudenken. Zu Zeiten der Wählscheibenfernsprecher hatte jeder einen solchen Wälzer am Telefon liegen, und der enthielt nur die Nummern der eigenen Stadt und näheren Umgebung.

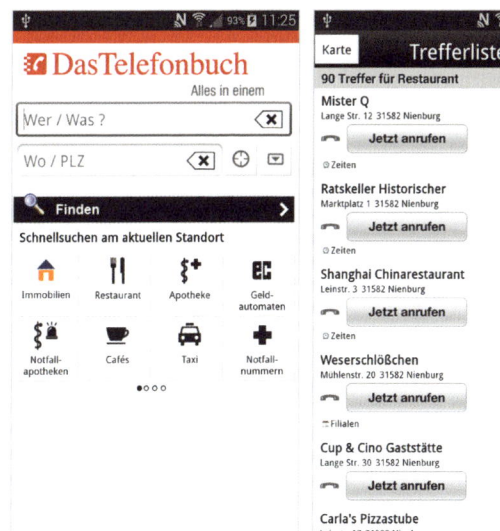

Das Telefonbuch für Android.

Heute hat man über die Telefonbuch-App Zugriff auf sämtliche Telefonnummern aus ganz Deutschland – und das tagesaktuell und nicht nur einmal im Jahr erneuert. Eine gefundene Rufnummer kann man direkt anrufen, die Adresse auf einer Karte anzeigen lassen oder auch ins Adressbuch des Handys übernehmen. Außerdem ist eine Rückwärtssuche anhand einer Telefonnummer möglich, sodass man leicht feststellen kann, wer gerade angerufen hat.

11880 – die Alternative zum Telefonbuch

Hersteller: **telegate AG**
Preis: **kostenlos**
Getestete Version: **Dezember 2013**

Die Auskunft 11880 liefert neben Telefonnummern auch diverse weitere Informationen wie Restaurants, Geldautomaten, Apotheken, Taxis, Autoservice und vieles mehr. Im Gegensatz zum Anruf bei der Auskunft liefert die App alle gesuchten Daten kostenlos direkt aufs Smartphone. Zu vielen Lokalitäten gibt es Bewertungen und Empfehlungen von Benutzern. Man kann auch direkt aus der App heraus selbst Bewertungen abgeben.

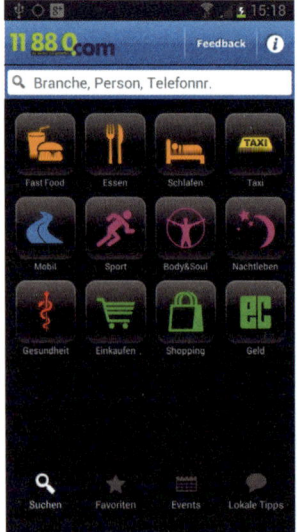
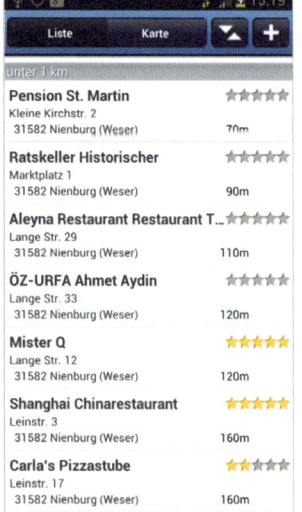

Die App der Auskunft 11880.

Telefonbücher

Gelbe Seiten

Hersteller: **Gelbe Seiten Marketing Gesellschaft mbH**
Preis: **kostenlos**
Getestete Version: **August 2014**

Suchte man früher mühsam nach dem nächstgelegenen Handwerker oder Arzt, startet man heute die App Gelbe Seiten auf dem Smartphone und gibt einen Suchbegriff ein oder klickt sich durch die diversen Kategorien. Der eigene Standort kann mit einem Klick ermittelt und in die Suchanfrage übernommen werden.

Die Ergebnisse lassen sich als Liste oder auf einer Landkarte anzeigen und können auch direkt in das Adressbuch des Smartphones übernommen werden.

 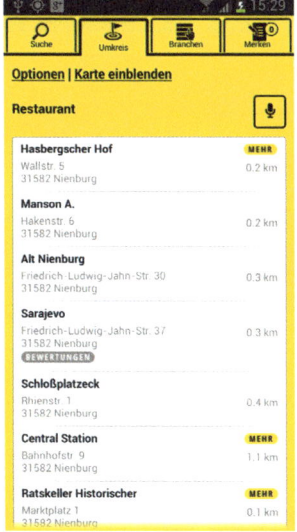

Branchensuche in den Gelben Seiten.

Hotels, Gastronomie und Touristeninfos

Foursquare

Hersteller: **Foursquare**
Preis: **kostenlos**
Getestete Version: **Oktober 2014**

Foursquare verbindet Empfehlungen und Tipps zu Gastronomie und Geschäften mit den Funktionen eines sozialen Netzwerks. Hier kann man an bestimmten Orten einchecken, Fotos veröffentlichen und Tipps geben.

Zum Bedauern vieler Nutzer hat Foursquare die beliebten Badges eingestellt und die Funktionen auf zwei Apps verteilt. Die Foursquare-App findet automatisch Orte in der näheren Umgebung und sammelt Bewertungen dafür. Außerdem kann man selbst interessante Orte hinzufügen und Freunde einladen, diese zu besuchen und zu bewerten.

 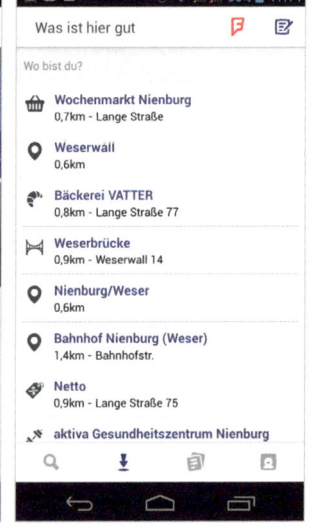

Die neue Foursquare-App.

Hotels, Gastronomie und Touristeninfos

Swarm

Hersteller: **Foursquare**
Preis: **kostenlos**
Getestete Version: **Oktober 2014**

Die neue App Swarm enthält die ehemalige Check-in-Funktion aus Foursquare. Hier kann man seinen Freunden zeigen, wo man gerade ist, und Fotos zu den Orten veröffentlichen. Diese Funktionen bietet Facebook allerdings inzwischen auch.

Die Foursquare-App Swarm.

TripAdvisor

Hersteller: **TripAdvisor**
Preis: **kostenlos**
Getestete Version: **September 2014**

TripAdvisor findet Hotels, Restaurants und Aktivitäten an jedem beliebigen Ort der Welt. Besonders hervorzuheben ist die riesige Sammlung an Gästebewertungen. Dem Anbieter zufolge sollen es über 150 Millionen sein, und täglich werden es mehr. Auch direkt aus der App heraus kann man seine Bewertung abgeben.

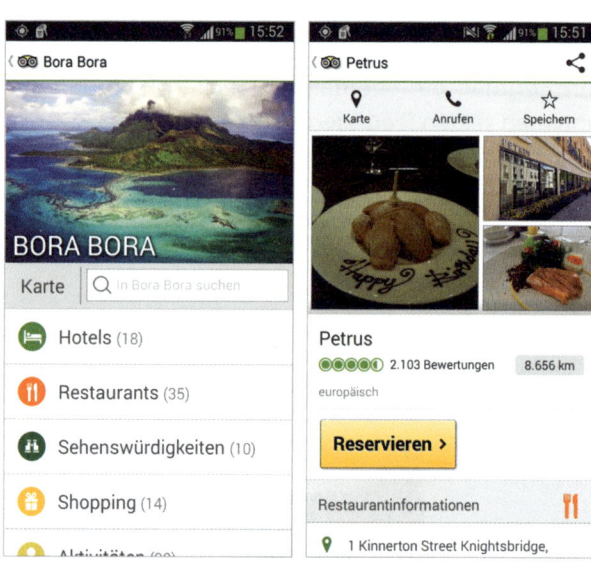

Hotels, Restaurants und Aktivitäten am Urlaubsziel mit Kundenbewertungen.

meinestadt.de

Hersteller: meinestadt.de GmbH
Preis: kostenlos
Getestete Version: Juli 2014

Die App von meinestadt.de bringt die Daten des bekannten Internetportals in übersichtlicher Form aufs Handy. Hier findet man Restaurants, Veranstaltungen, Sehenswürdigkeiten, Imbissbuden, Hotels, Bahnhöfe und vieles mehr in direkter Nähe. Die Bewertungen sind im Vergleich zu anderen Portalen allerdings eher spärlich.

Hotels, Gastronomie und Touristeninfos

Events, Kneipen, Wetter und vieles mehr für ganz Deutschland.

Tourismus-Apps von Das Örtliche

Der Telefonbuchverlag „Das Örtliche" bietet für beliebte deutsche Ferienregionen spezielle Apps mit lokalen Informationen, Sehenswürdigkeiten, Restaurants, Freizeitaktivitäten, Veranstaltungen, Einkaufsmöglichkeiten und Unterkünften. Alles übersichtlich sortiert und auf einer Landkarte leicht zu finden.

Strandbadguide – Freibäder, Badeseen und Schwimmbäder in Deutschland. Fehlende Daten können in der App leicht ergänzt werden.

Ostfriesland – Sehenswürdigkeiten, Strände, Restaurants, Freizeittipps, Veranstaltungen, Einkaufsmöglichkeiten und Unterkünfte auf den Ostfriesischen Inseln und dem Festland.

5 Reisen

		Ostsee – Alle Infos für die Ferien an der Ostsee in Mecklenburg-Vorpommern.
		Bremen – Sehenswürdigkeiten, Ausflugstipps und Veranstaltungen in der Freien Hansestadt Bremen.
		Ammerland – Restaurants, Hotels sowie Touristeninformationen in und um das Ammerland mit Veranstaltungskalender.
		Steinhuder Meer – Alle Infos zum Naturpark Steinhuder Meer, Hotels, Ferienunterkünfte und Campingplätze.
		Harz – Wanderwege, Mountainbike Trails, Skipisten und Rodelstrecken mit Höhenprofilen und Pistenkarten.
		Weihnachtsmärkte – Über 2.000 Weihnachtsmärkte in Deutschland mit Standorten, Terminen, Öffnungszeiten und detaillierten Beschreibungen zum Markt mit Bildern.

6. Nachrichten und Wetter

Internetseiten mit Nachrichten und Wettervorhersagen gibt es wie Sand am Meer, und jeder hat darunter schon seine Lieblingsseite gefunden. Nur sind die meisten Seiten mit viel Multimedia-Aufwand und viel Werbung gestaltet, sodass es schwerfällt, die wirklichen Informationen zu finden, falls die Seiten auf dem kleinen Smartphone-Bildschirm überhaupt dargestellt werden.

Nachrichten

Spiegel Online

Hersteller: **Spiegel Online GmbH**
Preis: **kostenlos**
Getestete Version: **August 2014**

Spiegel Online ist auf dem PC für Millionen Deutsche die erste Anlaufstelle, wenn es um tagesaktuelle Nachrichten geht. Die App von Spiegel On-

Spiegel Online zeigt aktuelle Nachrichten auf dem Smartphone.

line liefert das komplette Onlineangebot des Spiegels, wobei sich einzelne Artikel zum Offlinelesen markieren und herunterladen lassen. Ein News-Widget bringt aktuelle Nachrichten auf den Startbildschirm. Die Themen, die dort angezeigt werden sollen, lassen sich vom Benutzer auswählen.

Stern

Hersteller: **stern.de GmbH**
Preis: **kostenlos**
Getestete Version: **September 2014**

Auch der Stern liefert eine App für Android mit allen wichtigen Nachrichten und Fotos. Wie bei Spiegel Online lassen sich auch hier einzelne Artikel zum Offlinelesen herunterladen. Der Stern überzeugt vor allem durch seine erstklassigen Fotos. Ein neuartiges News-Radar bietet einen schnellen Überblick über das Nachrichtenaufkommen und die wichtigsten Meldungen.

Nachrichten und Fotos beim Stern.

Bild App

Hersteller: **Axel Springer SE**
Preis: **kostenlos (In-App-Käufe)**
Getestete Version: **September 2014**

Bild liefert als einzige der großen Zeitungen eine kostenpflichtige App. Die ersten sieben Tage sind kostenfrei. Danach muss man ein Abo abschließen, um weiterhin aktuelle Nachrichten zu bekommen.

Aktuelle Tickermeldungen und Berichte in der Bild App.

Tagesschau

Hersteller: **ARD-aktuell**
Preis: **kostenlos**
Getestete Version: **Mai 2014**

Die Tagesschau liefert in ihrer App ständig aktuellste Nachrichten zum Lesen und als Videostreams. Dazu findet man Aktuelles und Interessantes aus In- und Ausland, Sport und Wetter für Deutschland und Europa.

Wer nur einen kurzen Überblick über das Allerwichtigste haben möchte, kann sich die „Tagesschau in 100 Sekunden" ansehen.

Die Tagesschau in 100 Sekunden.

n-tv

Hersteller: n-tv Nachrichtenfernsehen GmbH
Preis: kostenlos (In-App-Käufe)
Getestete Version: Oktober 2014

Das mobile Angebot des Nachrichtensenders n-tv bringt auf einen Blick und in übersichtlicher Aufmachung aktuelle Nachrichten des Tages, Wetterbericht, Videos, Bilderserien zu aktuellen Themen, Börsenkurse, Sportnachrichten und vieles mehr.

Die App bietet die Möglichkeit, Eilmeldungen – hier als Breaking News bezeichnet – auf Wunsch direkt in der Benachrichtigungsleiste des Smartphones anzuzeigen.

Wetter

wetter.com

Hersteller: **wetter.com GmbH**
Preis: **kostenlos**
Getestete Version: **September 2014**

Die App des bekannten Onlinewetterdienstes www.wetter.com zeigt auf dem Smartphone eine Wettervorhersage für den aktuellen Standort oder einen beliebigen anderen Ort in Deutschland.

Neben dem aktuellen Wetter gibt es eine Vorhersage für die nächsten sieben Tage, einen Wetterbericht in Textform, das Regenradar für ganz Deutschland sowie amtliche Wetterwarnungen.

Die App von wetter.com auf dem Smartphone.

RegenRadar

Hersteller: **WetterOnline GmbH**
Preis: **kostenlos**
Getestete Version: **März 2014**

Das Regenradar zeigt nahezu in Echtzeit, wo es in Deutschland gerade regnet, liefert eine Vorhersage für die nächste Stunde und in Regengebieten eine Abschätzung, wann der Regen wieder abzieht.

Das Regenradar von WetterOnline.

WeatherPro

Hersteller: **MeteoGroup**
Preis: **2,99 € (In-App-Käufe)**
Getestete Version: **Oktober 2014**

WeatherPro liefert (im Vergleich mit den meisten kostenlosen Anwendungen) deutlich ausführlichere und wirklich erstaunlich zuverlässige Wettervorhersagen für die nächsten sieben Tage. Dazu wählt man die gewünschten Orte oder lässt einfach das Wetter für den aktuellen, automatisch ermittelten Standort anzeigen.

Die App liefert deutlich mehr Daten als andere Wetter-Apps. Temperatur, Niederschlagswahrscheinlichkeit und -menge, Sonnenscheindauer sowie andere Parameter werden grafisch für die kommenden Tage angezeigt. Auf Smartphones mit eingebautem Temperatursensor wird dieser ausgelesen und die aktuelle Umgebungstemperatur mit den Wetterdaten angezeigt.

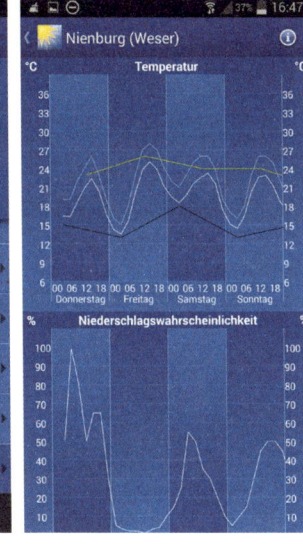

Vorhersage und Wetterkurven in WeatherPro.

7. Wissen und Information

Wer hat unterwegs ein Lexikon zur Hand? Jeder! Man braucht nur die richtigen Apps und bekommt alle Infos aus Wikipedia, World Factbook oder fremdsprachigen Wörterbüchern direkt aufs Handy.

Lexika

Wikipedia

Hersteller: **Wikimedia Foundation**
Preis: **kostenlos**
Getestete Version: **August 2014**

Die offizielle App der Wikipedia bietet mehr als nur eine schnellere Suche und Darstellung der Wikipedia-Artikel auf dem Smartphone. In der App

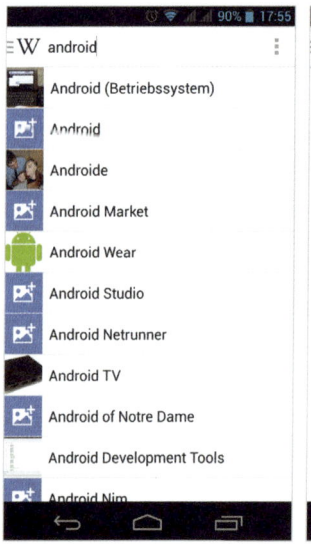 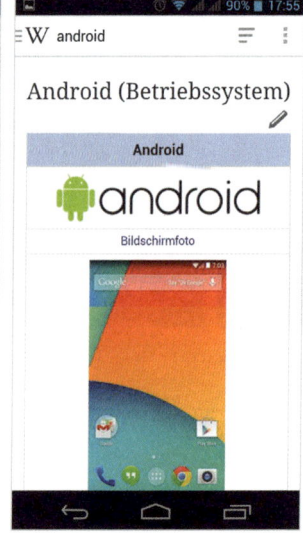

Die Wikipedia als App.

lassen sich Seiten zum Offlinelesen speichern. Außerdem gibt es eine Verlaufsanzeige der zuletzt gelesenen Wikipedia-Artikel. Die Wikipedia-App lässt sich auf alle von Wikipedia unterstützten Sprachen umschalten. Die App bietet für Wikipedia-Autoren die Möglichkeit, sich anzumelden und direkt vom Smartphone aus Wikipedia-Artikel zu bearbeiten.

WolframAlpha

Hersteller: **Wolfram Group**
Preis: **2,29 €**
Getestete Version: **Juni 2014**

WolframAlpha ist eine Suchmaschine, die statt irgendwelcher unbestätigten Internetlinks echtes wissenschaftliches Expertenwissen liefert. Die Idee ist dem Computer aus Star Trek nachgeahmt, dem man einfach eine Frage stellen kann und der dann präzise Antworten darauf liefert, an deren Richtigkeit keine Zweifel bestehen.

 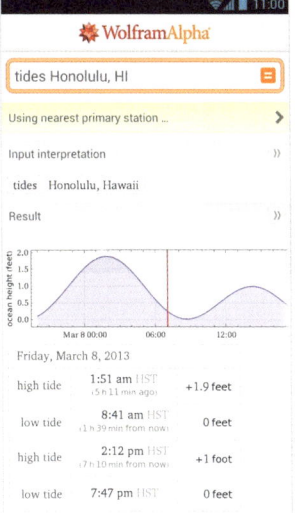

WolframAlpha liefert Antworten auf verschiedenste Fragen.

Politische Begriffe

Hersteller: **Bundeszentrale für politische Bildung**
Preis: **kostenlos**
Getestete Version: **Juli 2013**

Die Bundeszentrale für politische Bildung liefert Onlinelexika mit kurzen und verständlichen Beschreibungen und Definitionen zu rund 8.000 Stichwörtern aus den Bereichen Politik, Wirtschaft, Europa, Umwelt und Kultur.

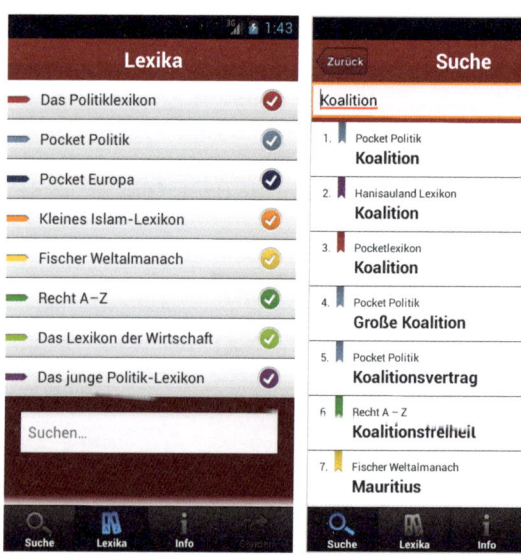

Politiklexika der Bundeszentrale für politische Bildung.

Fact Book

Hersteller: **Urbian**
Preis: **kostenlos (Pro-Version 2,49 €)**
Getestete Version: **Februar 2012**

Das World Factbook des amerikanischen Geheimdienstes CIA gilt als eines der umfangreichsten Länderlexika weltweit. Zu jedem Land der Erde sind dort ausführliche Fakten gespeichert. Diese App stellt in übersichtlicher Form die Daten jedes Landes mit einer Übersichtskarte auf dem Smartphone dar. Über einen Drehmechanismus wählt man die gewünschte Informationskategorie: Allgemeines, Geografie, Politik, Bevölkerung, Wirtschaft, Verkehr. Statistische Daten werden automatisch mit einem frei wählbaren Referenzland, z. B. dem Heimatland, verglichen. Zusätzlich sind Rankinglisten aller Länder für verschiedene Bewertungskategorien enthalten.

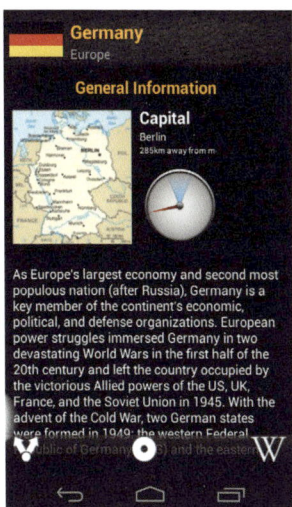 

Das bekannte Länderlexikon des amerikanischen CIA.

Wörterbücher

dict.cc

Hersteller: **Paul Hemetsberger**
Preis: **kostenlos (Pro-Version 2,99 €)**
Getestete Version: **Oktober 2014**

dict.cc bietet eine Android-App an, deren Wörterbücher offline ohne Internetverbindung laufen. Innerhalb der App können – am besten per WLAN – Wörterbücher für 51 Sprachpaare auf die Speicherkarte des Smartphones heruntergeladen werden.

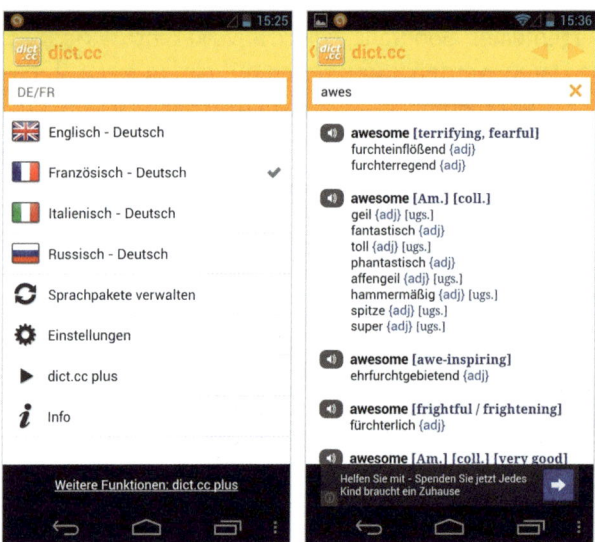

Wörterbücher von dict.cc auf dem Smartphone.

LEO Wörterbuch

Hersteller: **Leo GmbH**
Preis: **kostenlos**
Getestete Version: **Mai 2013**

Das Onlinewörterbuch dict.leo.org gehört sicher zu den bekanntesten zweisprachigen Wörterbüchern im Internet und ist natürlich auch über den Webbrowser auf dem Smartphone nutzbar. Eine eigene App bietet noch einfacheren Zugriff auf die Onlinewörterbücher von leo.org. Diese stehen derzeit für Deutsch in Kombination mit Englisch, Französisch, Spanisch, Italienisch, Russisch, Polnisch, Portugiesisch und Chinesisch zur Verfügung.

Neben der Übersetzung in beide Sprachrichtungen bieten die Leo-Wörterbücher Definitionen, Verbtabellen, Aussprachehinweise, Texte zu Grammatik und Wortherkunft sowie Hinweise zur Wortverwendung im Satzzusammenhang. Das Deutsch-Englisch/Englisch-Deutsch-Wörterbuch ist mit 788.000 Stichwörtern deutlich umfangreicher als die meisten kommerziellen Wörterbücher.

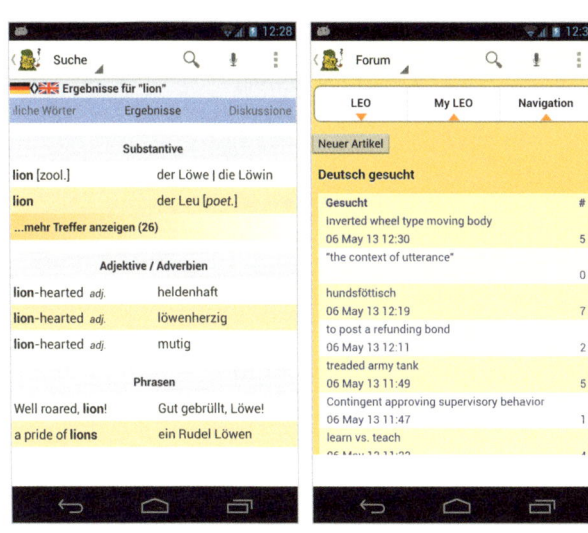

Wörterbücher mit umfangreichen Zusatzinfos.

WordNet Advanced English Dictionary and Thesaurus

Hersteller: **Mobile Systems**
Preis: **kostenlos (In-App-Käufe)**
Getestete Version**: Mai 2014**

WordNet ist eine umfangreiche lexikalische Datenbank mit über 140.000 englischen Stichwörtern und über 1,4 Millionen Wörtern, entwickelt vom Cognitive Science Laboratory an der Princeton University.

Das WordNet Advanced English Dictionary liefert einfache und klare Definitionen in einem einsprachigen englischen Wörterbuch, das nach der Installation der App zunächst komplett auf das Smartphone heruntergeladen wird und danach offline genutzt werden kann.

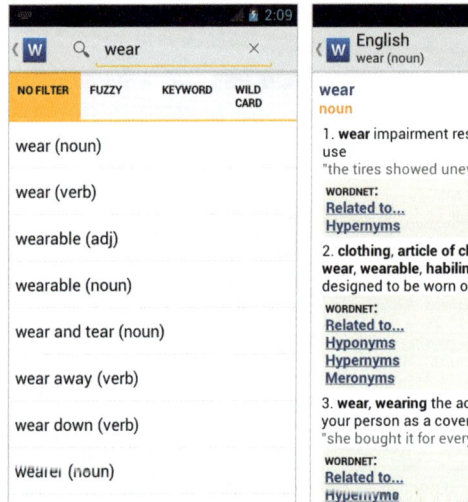

Umfangreiches englischsprachiges Offline-Wörterbuch.

Fachwissen

Sky Map

Hersteller: Sky Map Devs
Preis: kostenlos
Getestete Version: August 2011

Sky Map macht aus dem Smartphone ein interaktives Planetarium und zeigt den aktuellen Nachthimmel.

Man braucht das Smartphone nur in die richtige Richtung zu halten und Sky Map zeigt die Namen aller Sterne und Planeten, die in dieser Richtung zu sehen sind, oder auch nicht – denn Sky Map funktioniert natürlich auch bei Tageslicht.

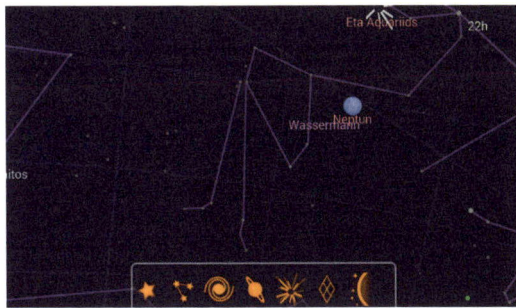

Sky Map zeigt Sterne, Planeten und andere Himmelskörper lagegenau an.

Umgekehrt können Sie auch einen Planeten oder Stern mit Sky Map am Nachthimmel suchen lassen. Nachdem Sie den Namen in das Suchfeld eingetippt haben, blendet Sky Map einen roten Kreis und Pfeil ein. Drehen Sie sich selbst mit dem Smartphone so lange in die Richtung des Pfeils, bis der gesuchte Himmelskörper innerhalb des Kreises erscheint.

ISS Detektor

Hersteller: **RunaR**
Preis: **kostenlos, In-App-Käufe**
(Pro-Version: 2,49 €)
Getestete Version: **Oktober 2014**

Die Internationale Raumstation ISS fliegt mehrmals am Tag über Europa hinweg und ist in den Abendstunden oft mit bloßem Auge gut zu erkennen. Der ISS Detektor sagt in Abhängigkeit vom Standort des Benutzers genau den nächsten sichtbaren Überflug voraus. Man kann sich rechtzeitig vorher benachrichtigen lassen oder auch die Überflugtermine in den Kalender eintragen.

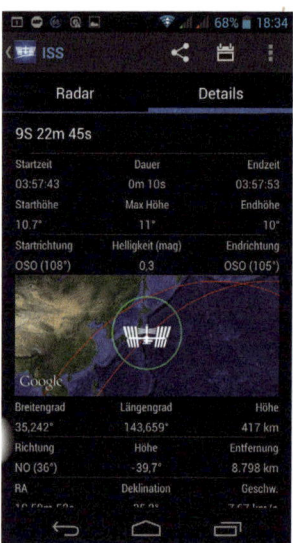

Die ISS von der Erde aus beobachten.

Formelsammlung Mathematik

Hersteller: **anjokes**
Preis: **kostenlos**
Getestete Version: **September 2013**

Alle mathematischen Formeln für Schule und Studium: Grundrechenarten, Algebra, Analysis, Trigonometrie, Geometrie, analytische Geometrie und Logik. Die meisten geometrischen Formeln werden mit einer anschaulichen Grafik erläutert.

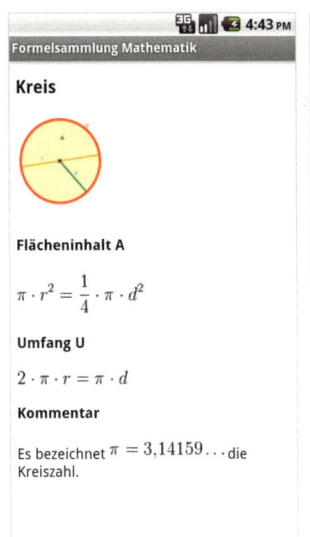
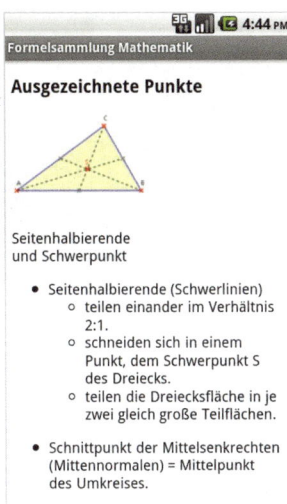

Algebra, Analysis, Geometrie, Trigonometrie auf dem Handy.

Merck PSE HD

Hersteller: Merck KGaA
Preis: kostenlos
Getestete Version: Februar 2013

Für jeden Chemiker, aber auch für viele andere Wissenschaftler unverzichtbar: das Periodensystem der Elemente. Verschiedene Apps stellen das Periodensystem in unterschiedlicher Qualität und meist nur auf Englisch dar. Merck PSE HD sieht nicht nur grafisch gut aus, sondern bietet auch eine umfangreiche Suchfunktion, mit deren Hilfe man chemische Elemente über Gruppen, Atomnummern, Namen oder andere bekannte Kriterien finden kann. Zu allen Elementen werden diverse Fakten und wichtige Daten in deutscher Sprache angezeigt – Symbol, Massenzahl, atomares Gewicht, Dichte, Schmelzpunkt, Siedepunkt, Elektronenkonfigurationen und vieles mehr.

7 Wissen und Information

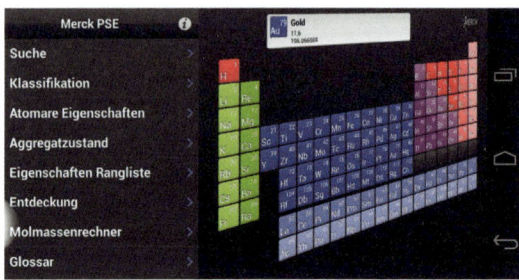

Das Periodensystem der Elemente.

Gefahrgut-Helfer

Hersteller: **Knorre**
Preis: **kostenlos (In-App-Käufe)**
Getestete Version: **September 2014**

Gefährliche Stoffe werden beim Transport mit orangefarbenen Tafeln und einheitlichen UN-Nummern gekennzeichnet. Diese App liefert Informa-

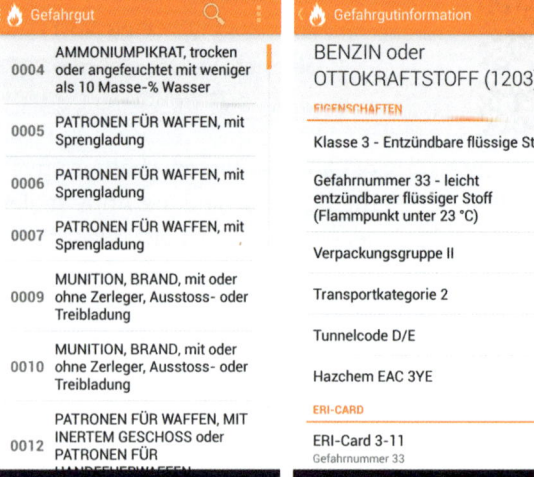

Gefährliche Stoffe identifizieren.

tionen zu allen wichtigen gefährlichen Stoffen und auch zu den Nummern und deren Bedeutungen. Sogenannte ERI-Cards – **E**mergency **R**esponse **I**ntervention Cards – geben der Feuerwehr Hinweise über erste Einsatzmaßnahmen. Die App funktioniert komplett offline, damit die Funktion im Notfall nicht an einer fehlenden Internetverbindung scheitert.

Die Berliner Mauer

Hersteller: **Bundeszentrale für politische Bildung**
Preis: **kostenlos**
Getestete Version: **Juli 2013**

Wo genau stand die Berliner Mauer, die 28 Jahre lang deutsche Geschichte geschrieben hat? Diese interaktive App zeigt auf einer Karte den genauen Mauerverlauf und historische Orte. Der Entdeckermodus lädt zu Touren entlang der ehemaligen Grenze in Berlin ein.

 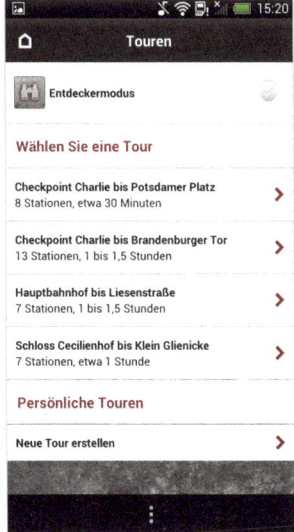

Der Verlauf und die Geschichte der Berliner Mauer.

8. Fotos und Grafik

Wer seine Fotos online speichert, kann jederzeit und überall darauf zugreifen. Außerdem sind Onlinefotoalben eine komfortable Lösung, Freunden Fotos zu zeigen. So braucht man aus dem Urlaub nicht jede Menge Fotos einzeln per E-Mail zu verschicken. Ein Link auf das eigene Album reicht aus. Weiterhin sind verschiedene Apps darauf spezialisiert, Bilder auf dem Smartphone nachträglich zu bearbeiten.

Fotos online zeigen und teilen

Flickr

Hersteller: **Yahoo!**
Preis: **kostenlos**
Getestete Version: **September 2014**

Flickr liefert eine eigene App für Android-Smartphones, mit der man jederzeit Zugriff auf seine Fotoalben bei Flickr und die von Freunden hat. Nach persönlicher Anmeldung zeigt die Flickr-App den eigenen Foto-

> **Fotografieren mit der Flickr-App**
>
> Mit der Flickr-App kann man auch direkt fotografieren, man braucht nicht die Standard-Kamera-App aufzurufen. Einfach oben in der Flickr-App auf das Kamerasymbol tippen, dann startet eine eigene Kamerafunktion, mit der Sie die neuen Fotos auch direkt benennen können, da bei Flickr jedes Bild einen Namen braucht. Auf der Seite *Details* können Sie noch einen Bildkommentar hinzufügen. Besonders interessant sind die Filter, mit denen man den Fotos eine persönliche Note oder auch ein besonders kitschiges Aussehen verpassen kann.

stream, eigene Fotoalben sowie die letzten Aktualisierungen der Freunde auf einen Blick an. Fotos vom Handy können direkt bei Flickr hochgeladen werden.

Fotostream in der Flickr-App.

Instagram

Hersteller: **Instagram**
Preis: **kostenlos**
Getestete Version: **Oktober 2014**

Fotos vom Handy in ein Album hochzuladen, ist nichts Neues mehr. Mit Instagram gibt man dem Bild Stil und veröffentlicht direkt die passende Stimmung mit.

Dazu sind jede Menge Farbfilter, Rahmen und Effekte bereits in der App vorgegeben. Dazu enthält Instagram eine eigene verbesserte Kamera-App, mit der man direkt fotografieren oder auch nachträglich Effekte auf bereits auf dem Smartphone oder in der Cloud gespeicherte Fotos legen kann.

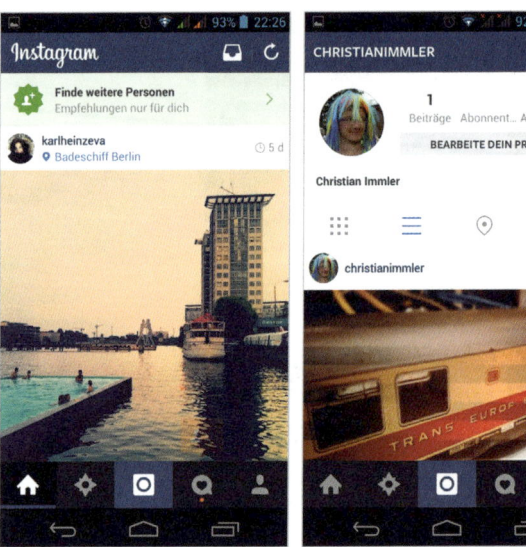

Posts von Freunden auf der Startseite und eigenes Instagram-Profil.

EyeEm

Hersteller: **EyeEm Mobile**
Preis: **kostenlos**
Getestete Version: **Oktober 2014**

EyeEm ist eine noch sehr junge Foto-Community weltweit, in der besonders künstlerische Fotos und aktuelle Trends im Vordergrund stehen. Die EyeEm-App bietet diverse interessante Effekte für Fotos. Hier veröffentlicht kaum jemand ein Foto einfach so, wie es fotografiert wurde. EyeEm veranstaltet immer wieder sogenannte Missionen. Hier werden die Nutzer aufgefordert, Fotos zu bestimmten Themen oder von bestimmten Orten zu veröffentlichen.

 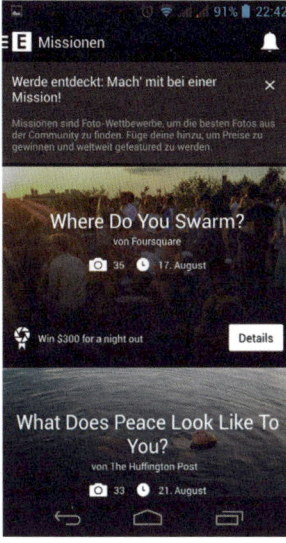

Künstlerische und coole Fotos in der EyeEm-App.

Fotos bearbeiten

Adobe Photoshop Express

Hersteller: **Adobe**
Preis: **kostenlos (In-App-Käufe)**
Getestete Version: **Juli 2014**

Niemand wird auf dem Smartphone eine so komplexe Bildbearbeitung wie Photoshop erwarten. Das kostenlose Adobe Photoshop Express bietet aber auf Android diverse Effektfilter und Bearbeitungsfunktionen sowie auch direkt die Möglichkeit, Fotos online bei Adobe Revel unter www.adoberevel.com zu veröffentlichen oder über die üblichen Wege zu teilen. Schief aufgenommene Bilder lassen sich gerade ausrichten, Helligkeit, Kontrast und Farbschema korrigieren, oder man schneidet aus Fotos den interessanten Bereich aus.

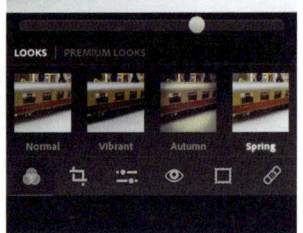

Bilder in Photoshop Express bearbeiten.

PicsArt – Foto-Studio

Hersteller: **PicsArt**
Preis: **kostenlos (In-App-Käufe)**
Getestete Version: **September 2014**

PicsArt – Foto-Studio bietet zahlreiche Bildbearbeitungsfunktionen sowie eine erweiterte Kamera-App, die direkt beim Fotografieren verschiedene Effekte auf die Fotos legen kann. PicsArt – Foto-Studio unterscheidet zwischen Effekten, die über das Bild gelegt werden, Zeichenfunktionen, um in das Bild zu malen oder es zu beschriften, sowie Collagen, zu denen sich mehrere Fotos mit Rahmen und Hintergründen zusammenstellen lassen.

Mit dem Finger lässt sich das Bild auf dem Bildschirm zoomen und verschieben. Weiterhin stehen verschiedene Effekte zur Auswahl. So kann man zum Beispiel Schwarz-Weiß-Fotos erstellen oder Farben verfremden. Die meisten Effekte können auch noch detailliert justiert werden.

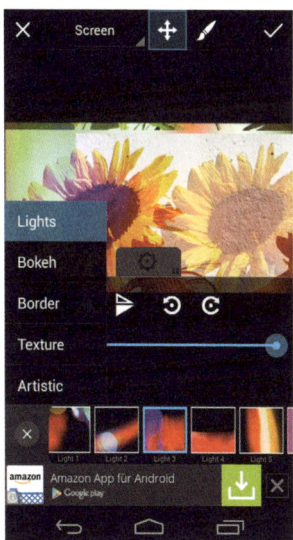

Bildbearbeitung und Collagen in PicsArt – Foto-Studio.

Pho.to Lab

Hersteller: **VicMan LLC**
Preis: **kostenlos (Pro-Version 2,93 €)**
Getestete Version: **September 2014**

Pho.to Lab bringt jede Menge grafische Effekte für Fotos mit. Mit neuen Hintergründen oder Rahmen, etwa Titeln bekannter Zeitschriften, lassen sich ganz einfach eindrucksvolle Bilder zusammenbauen.

Die integrierte Gesichtserkennung hilft dabei, sich selbst oder einen Freund als Darth Vader, Rambo oder Astronaut erscheinen zu lassen.

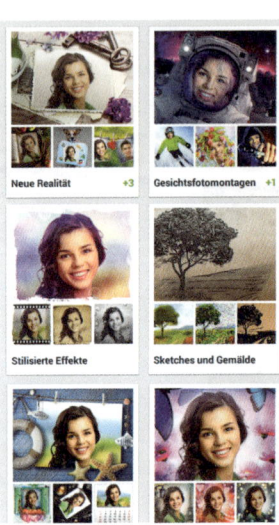

Mit Pho.to Lab kommt man schnell auf das Titelbild einer Zeitschrift.

TouchRetouch

Hersteller: **ADVA Soft**
Preis: **kostenlos (Pro-Version 0,72 €)**
Getestete Version: **März 2014**

In vielen Urlaubsfotos, die sich später nicht noch mal wiederholen lassen, entdeckt man zu spät, dass eine Person ins Bild gelaufen ist oder ein unerwünschtes Objekt den schönen Eindruck stört. Diese Elemente zu entfernen, war früher ein mühsames Unterfangen.

Mit TouchRetouch brauchen Sie nur noch das störende Objekt zu markieren, und die App korrigiert den Hintergrund, als wenn nichts gewesen wäre.

Fotos bearbeiten

Unerwünschte Objekte aus Fotos entfernen.

Retrica

Hersteller: **Venticake**
Preis: **kostenlos (In-App-Käufe)**
Getestete Version: **Oktober 2014**

Retrica macht aus einem modernen Smartphone eine Retrokamera. Über 80 Filter, direkt beim Fotografieren angewendet, lassen die Bilder wie in den Anfangszeiten der Farbfotografie aussehen.

9. Medien, Musik und E-Books

Digitale Musik unterwegs zu hören, wird immer beliebter. Portable MP3-Player haben längst Walkman und tragbare CD-Player abgelöst. Inzwischen geht das Interesse an klassischen MP3-Playern auch schon wieder zurück. Fast jeder hört seine Musik nur noch auf dem Handy über Kopfhörer, deren Qualität mit dem, was man aus Walkman-Zeiten kannte, nicht mehr zu vergleichen ist.

Musik-Apps

Google Play Music

Hersteller: **Google Inc.**
Preis: **kostenlos**
Getestete Version: **September 2014**

Google Play bietet seit einiger Zeit auch in Deutschland einen Downloadshop für Musik an. Zusammen mit diesem Angebot startete auch ein Cloud-Dienst, auf dem jeder Nutzer kostenlos bis zu 20.000 eigene Songs speichern und dann von jedem Gerät über sein persönliches Google-Konto anhören kann. Beim ersten Start der App erscheint eine Werbung für einen kostenpflichtigen Dienst. Diese können Sie überspringen, die App funktioniert auch in der kostenlosen Version. Lediglich das Streaming-Angebot ist kostenpflichtig.

Google Play Music ist eine neue Musikplayer-App, die den ehemaligen Musikplayer aus Android zukünftig ersetzen wird. Google Play Music spielt sowohl lokal auf dem Smartphone gespeicherte Musik ab als auch Musik vom Cloud-Speicher. Der Google Play Music Store ist integriert. Gekaufte Musiktitel werden direkt im Player angezeigt und abgespielt.

Google Play Music auf dem Smartphone.

Eigene Musik in der Cloud speichern und auf dem Smartphone erleben

Der Cloud-Dienst Google Play Music bietet jedem Nutzer kostenlosen Speicherplatz für 20.000 Songs. Laden Sie auf dem PC über play.google.com/music Ihre Musikbibliothek hoch, um über alle Geräte darauf zugreifen zu können. Hier können Sie auch direkt im Browser Ihre gekauften oder selbst gespeicherten Musiktitel anhören.

Amazon Music

Hersteller: Amazon Mobile LLC
Preis: kostenlos
Getestete Version: September 2014

9 Medien, Musik und E-Books

Etwa 19 Millionen Songs und über eine Million Alben stehen im Amazon Music-Shop zum Download bereit, natürlich zu den Preisen wie auf der Amazon-Music-Internetseite. Die App Amazon Music kann auf dem Smartphone auch Musik abspielen, nicht nur die bei Amazon gekauften Titel, sondern auch alle anderen MP3-Dateien, die auf der Speicherkarte des Smartphones liegen.

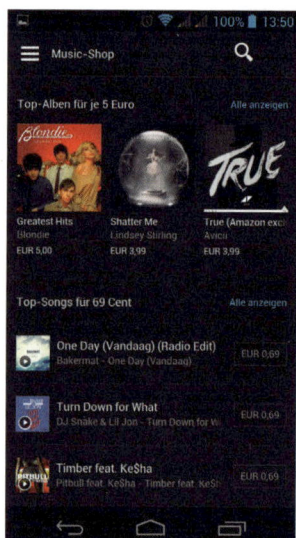 

Der Amazon Music-Shop auf dem Smartphone.

SoundHound

Hersteller: SoundHound Inc.
Preis: kostenlos (Pro-Version 4,50 €)
Getestete Version: August 2014

Jeder kennt das: Im Radio läuft ein schöner Musiktitel, aber man weiß nicht, wie er heißt und wer ihn singt, weil man die Ansage davor verpasst oder einfach nicht zugehört hat. Hier hilft die App SoundHound, den Titel wiederzufinden.

SoundHound hört ein paar Sekunden zu, zeichnet die Musik auf und überträgt sie an einen Server im Internet, der die Aufnahme auswertet und mit sehr hoher Treffsicherheit den passenden Titel findet.

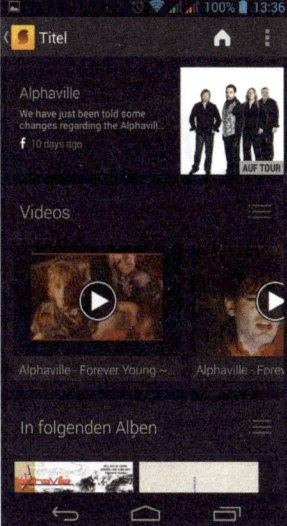

SoundHound hört Musik und findet diese im Internet.

TuneWiki

Hersteller: **TuneWiki**
Preis: **kostenlos (In-App-Käufe)**
Getestete Version: **September 2014**

TuneWiki ist weit mehr als nur ein Player für MP3-Musik und Streaming. Durch die Anbindung an verschiedene Social-Media-Plattformen lassen sich synchron zur Musik Liedtexte anzeigen. Bei vielen Titeln werden auch YouTube-Videos oder andere interessante Zusatzinformationen gefunden.

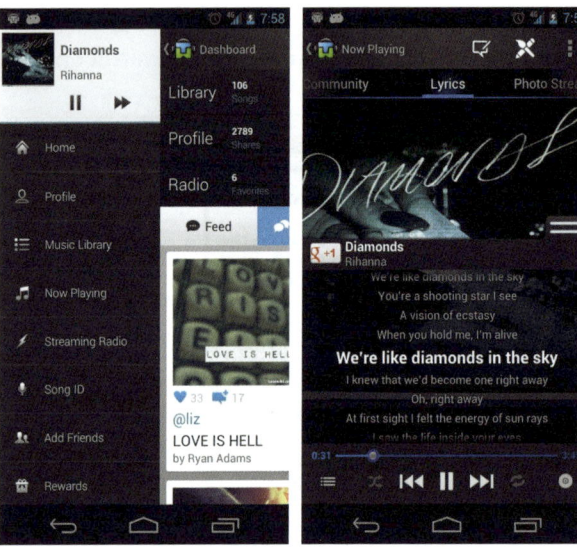

Musikplayer mit Liedtexten und Social Media.

Webradio

TuneIn Radio

Hersteller: **TuneIn Inc.**
Preis: **kostenlos (In-App-Käufe)**
Getestete Version: **September 2014**

TuneIn Radio kennt über 100.000 Radiostationen, mehrere Hundert allein aus Deutschland. Um Sender zu finden, kann man nicht nur nach Namen suchen, sondern auch regional oder nach dem bevorzugten Musikstil. Die App bezieht regelmäßig Updates der Radiolisten.

Bei der Fülle der angebotenen Sender empfiehlt es sich, Favoriten anzulegen. Dann braucht man nur noch auf eine Radiostation zu tippen, die Musik wird umgehend gestreamt und abgespielt.

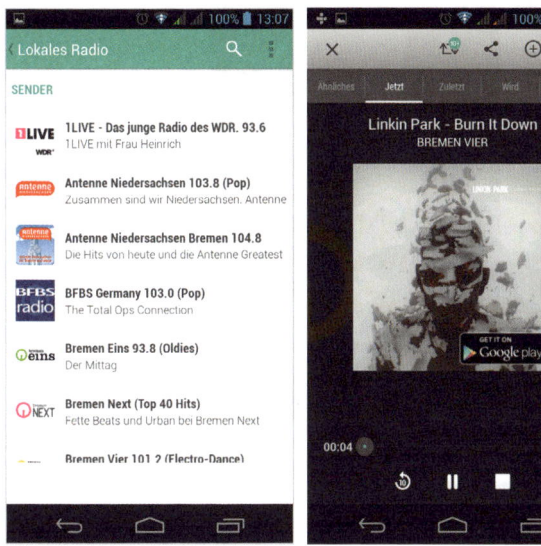

TuneIn Radio bietet unter einer einheitlichen Oberfläche gut sortierte Listen mit Webradiosendern.

radio.de

Hersteller: **radio.de**
Preis: **kostenlos (Pro-Version 0,79 €)**
Getestete Version: **August 2014**

Das Portal radio.de richtet sich mit über 15.000 Radiostationen speziell an Publikum aus Deutschland. Anhand des eigenen Standorts werden ähnlich wie in einem UKW-Radio Sender aus der eigenen Umgebung gefunden. Zusätzlich lässt sich nach Städten, Themen oder Musikgenres suchen.

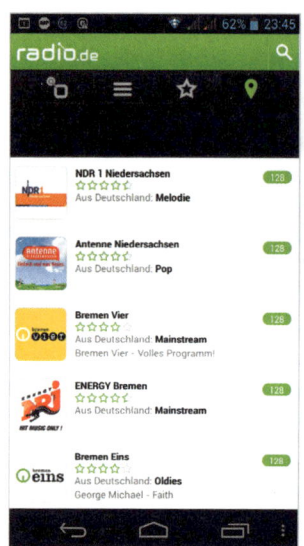 

Lokale Radiosender aus Deutschland.

Video

YouTube

Hersteller: **Google Inc.**
Preis: **kostenlos**
Getestete Version: **Oktober 2014**

Die YouTube-App bietet komfortablen Zugriff auf die YouTube-Plattform ohne Browser. Nach der Anmeldung mit dem auf dem Smartphone installierten Google-Konto hat man in der YouTube-App direkten Zugriff auf eigene Playlisten und Favoriten.

Natürlich lassen sich alle Videos im Vollbildmodus auf dem Smartphone abspielen und auch bewerten oder die Links an Freunde verschicken. Mit der YouTube-App können Sie zudem eigene Videos, die mit der Smartphone-Kamera aufgenommen wurden, direkt auf YouTube hochladen, ohne dass Sie einen PC benötigen.

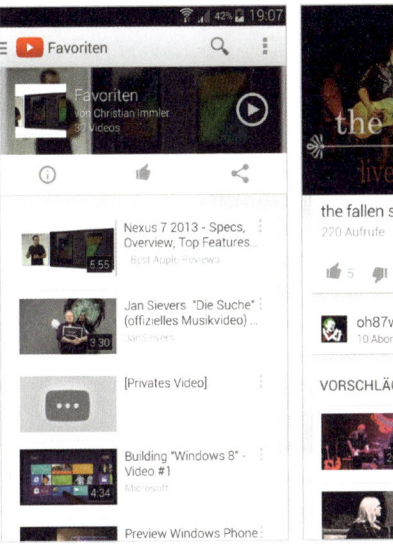

Die YouTube-App auf dem Smartphone.

ZDFmediathek

Hersteller: **ZDFonline**
Preis: **kostenlos**
Getestete Version: **Oktober 2014**

Die Lieblingssendung im Fernsehen verpasst? Wie in der Mediathek auf der ZDF-Webseite können Sie bereits gelaufene Sendungen, Filme und Dokumentationen jetzt auch auf dem Smartphone ansehen.

Die ZDFmediathek bietet bequemen Zugriff auf das On-Demand-Angebot des Zweiten Deutschen Fernsehens.

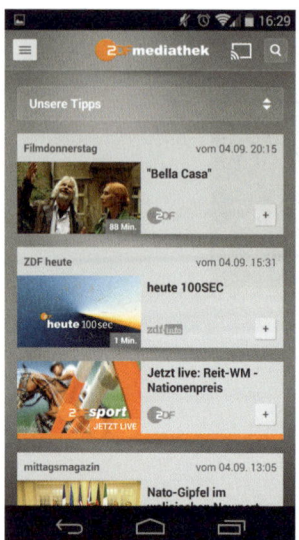 

ZDF-Sendungen auf dem Smartphone ansehen.

Netflix

Hersteller: **Netflix, Inc.**
Preis: **kostenlos (Abo)**
Getestete Version: **Oktober 2014**

Netflix, der weltweit führende Abonnementanbieter für Filme und Fernsehserien, startete im Sommer 2014 auch ein Angebot in Deutschland. Abonnenten können mit der App die Filme auch auf Smartphone oder Tablet ansehen.

Wenn Sie mit einem Film oder einer Folge Ihrer Lieblings-TV-Serie auf einem Gerät nicht bis zum Ende kommen, können Sie problemlos auf einem anderen Gerät weiterschauen.

E-Books

Google Play Books

Hersteller: **Google Inc.**
Preis: **kostenlos**
Getestete Version: **Juni 2014**

Google Play bietet neben Apps, Musik und Hardware auch einen Downloadshop für E-Books an. Für die hier gekauften Bücher gibt es eine eigene Reader-App, die auf vielen aktuellen Smartphones bereits vorinstalliert ist. Damit lassen sich die im eigenen Google-Konto gespeicherten Bücher direkt online lesen oder auch zum Offlinelesen auf dem Gerät zur Verfügung stellen. Der Google Play Books Reader kann auch eigene E-Books in den Formaten EPUB und PDF darstellen, solange diese keinen Kopierschutz haben. Laden Sie Ihre E-Books vom PC über die Seite play.google.com/books/uploads in Ihr Google-Konto hoch. Sie können auch

E-Books in Google Play Books.

E-Books aus Ihrer persönlichen Google-Drive-Ablage in Ihre E-Book-Bibliothek übernehmen.

Kindle

Hersteller: **Amazon Mobile LLC**
Preis: **kostenlos**
Getestete Version: **Oktober 2014**

Der Onlinebuchhändler Amazon machte mit seinem E-Book-Lesegerät Kindle das Lesen von E-Books erst richtig populär. Anstelle eines „echten" Kindle kann man auch die Kindle-App nutzen, um seine bei Amazon gekauften E-Books unterwegs zu lesen. Amazon verwendet für den Kindle ein eigenes Datenformat, das die anderen E-Book-Reader nicht lesen können. Diese App bietet natürlich auch Zugang zum Onlineshop, der innerhalb der App in einem für Smartphones optimierten Format dargestellt wird, sowie auch zu kostenlosen Büchern. Die Bücher werden auto-

Die Kindle-App auf dem Android-Smartphone.

FBReader

Hersteller: **FBReader.ORG Limited**
Preis: **kostenlos**
Getestete Version: **Oktober 2014**

Der FBReader ist ein E-Book-Reader in deutscher Sprache, der sich vielfältig an persönliche Lesegewohnheiten anpassen lässt und neben EPUB auch noch diverse andere E-Book-Formate unterstützt. Der FBReader startet automatisch mit dem zuletzt gelesenen Buch an der Stelle, an der man zuletzt aufgehört hat. Beim ersten Start wird ein Demobuch geöffnet, das eine Kurzanleitung zum Reader enthält. Berühren Sie das mittlere Drittel des Bildschirms, um die Symbolleisten einzublenden. Über das Menü kommt man zur lokal gespeicherten Bibliothek. Diese enthält alle

Der FBReader für Android.

E-Books, die im Verzeichnis *Books* auf der Speicherkarte liegen. Zusätzlich gibt es die Möglichkeit, E-Books aus Onlinekatalogen herunterzuladen. Hier stehen verschiedene Kataloge zur Auswahl, die teilweise auch kostenpflichtige E-Books enthalten.

Wattpad

Hersteller: **Wattpad.com**
Preis: **kostenlos**
Getestete Version: **Oktober 2014**

Wattpad ist eine weltweite Community für Hobbyautoren, die E-Books zu den unterschiedlichsten Themen kostenlos veröffentlichen. Die Datenbank umfasst derzeit bereits 10.000.000 Titel, viele allerdings in englischer Sprache. Mit der Wattpad-App kann sich jeder diese E-Books herunterladen und auf dem Smartphone oder Tablet lesen und auch Kommentare dazu schreiben.

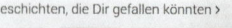

Die unbegrenzte, stetig wachsende Weltbibliothek mit kostenlosen Büchern und Geschichten.

10. Shopping und Schnäppchen

Verschiedene Apps erweisen sich als nützliche Hilfe beim Onlineeinkauf wie auch offline in Läden, wenn es darum geht, günstige Angebote oder Produktinformationen zu finden.

eBay

Hersteller: **eBay Mobile**
Preis: **kostenlos**
Getestete Version: **September 2014**

Ist man gerade in einer eBay-Auktion aktiv und diese läuft ab, wenn man nicht zu Hause ist, kann einem schon mal was durch die Lappen gehen. Mit der eBay-App auf dem mobilen Gerät bleibt man auf dem Laufenden und kann noch mal schnell sein Gebot erhöhen.

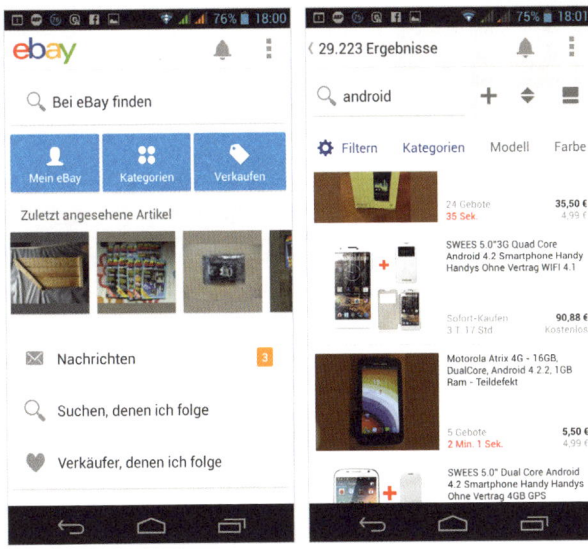

Unterwegs bei eBay suchen und kaufen.

Sehen Sie auf einem Flohmarkt ein Schnäppchen, scannen Sie einfach den Barcode des Produktes und suchen den aktuellen eBay-Preis. Damit lässt sich noch so mancher Flohmarkthändler herunterhandeln.

eBay Kleinanzeigen

Hersteller: **ebay Classifieds Group**
Preis: **kostenlos**
Getestete Version: **Oktober 2014**

Anhand des eigenen Standorts findet man auf dem meistbesuchten Kleinanzeigenportal Deutschlands immer wieder Schnäppchen. Die App von eBay Kleinanzeigen macht es einfach, selbst eine Anzeige einzustellen: Kategorie auswählen, kurze Beschreibung eingeben, Foto machen, fertig!

Gebrauchte Schnäppchen in der direkten Umgebung.

kaufDA

Hersteller: **Bonial.com**
Preis: **kostenlos**
Getestete Version: **Oktober 2014**

kaufDa zeigt die Prospekte der Läden und Supermarktketten aus der Umgebung. So verpasst man nie wieder ein Schnäppchen, ohne sich durch die Papierberge im Briefkasten wühlen zu müssen. Die Suche findet auch spezielle Produkte in Prospekten und erspart so viel Aufwand.

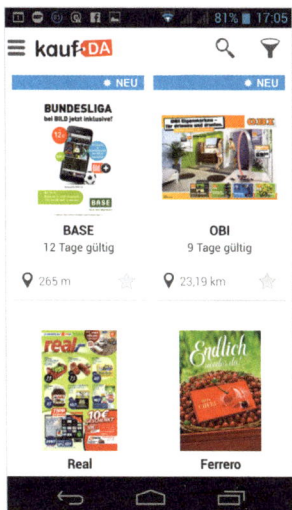 

Durch Prospekte und Angebote blättern.

Gettings

Hersteller: **gettings GmbH**
Preis: **kostenlos**
Getestete Version: **Oktober 2014**

10 Shopping und Schnäppchen

Wo der nächste Supermarkt oder das nächste Kaufhaus ist, lässt sich meistens noch einfach herausfinden, aber wo gibt es gerade welche Schnäppchen? Statt planlos von einem Laden zum nächsten zu laufen oder sich mühsam durch alle Werbebeilagen zu blättern, die täglich im Briefkasten liegen, braucht man nur noch auf sein Handy zu sehen, um aktuelle Sonderangebote zu finden.

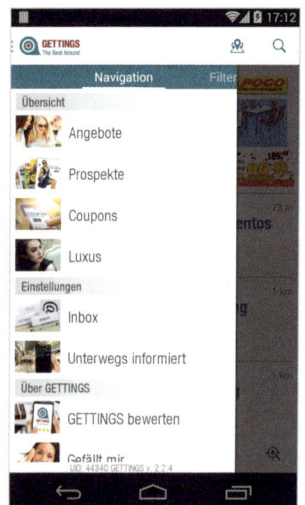

Tagesaktuelle Sonderangebote der Läden in der direkten Umgebung.

Payback mobil

Hersteller: **Payback**
Preis: **kostenlos**
Getestete Version: **September 2014**

Die Payback-App zeigt jederzeit den persönlichen Punktestand bei dem bekannten Bonusprogramm. Auf einer Karte findet man die nächsten Läden, die Payback anbieten. Dazu bietet die App Coupons für Extrapunkte zum Einlösen an den Kassen an.

barcoo

Hersteller: **checkitmobile GmbH**
Preis: **kostenlos**
Getestete Version: **Oktober 2014**

Auf fast jeder Verpackung, die in einem Ladenregal steht, befindet sich ein Strichcode, mit dem kaum ein Kunde etwas anfangen kann. Dabei lassen sich über diesen sogenannten EAN-Code, der jedes Produkt eindeutig kennzeichnet, vielfältige Informationen herausbekommen.

barcoo bietet schnellen Zugriff auf unabhängige Daten zu Produkten in Läden – unterwegs und überall. Einfach im Laden das Smartphone vor den Barcode eines Produktes halten, und schon gibt es Testberichte oder auch Infos darüber, wo es dieses Produkt zu einem günstigeren Preis gibt.

 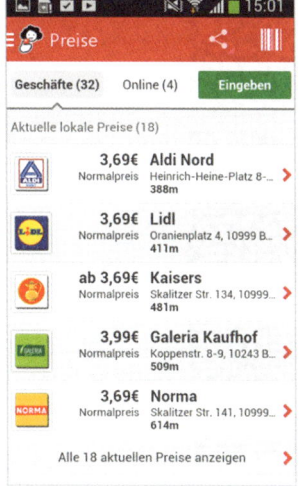

Verbraucherinfos und Preisvergleich per Barcode.

Die Apps der Supermärkte

		**Aldi Nord** – Aktuelle Angebote, Tipps, Filialsuche und persönliche Einkaufsliste.
		Das Gleiche auch für **Aldi Süd**.
		**EDEKA** – Persönliche Einkaufsliste und aktuelle Angebote im Stil eines Prospekts, Kochrezepte und Barcode Scanner für Produkte.
		Aktuelle Angebote, Filialsuche und Rezepte der Woche für alle Filialen von **Kaiser's Tengelmann**.
		**Lidl** – Angebote und Marktfinder sowie Onlineshop.
		Aktuelle Sonderangebote bei **Marktkauf** mit Filialsuche und Partyplaner für die nächste Feier.

Shopping und Schnäppchen

		Die App von **Netto** mit speziellen Gutscheinen für App-Nutzer. Mit der Netto-App kann man auch direkt bezahlen.
		**Norma** – Aktuelle Angebote, Filialsuche und persönliche Einkaufsliste.
		**Real** – Angebote und Marktfinder mit Onlinenavigation.
		Zu Hause eine Einkaufsliste anlegen und zum nächsten **REWE**-Markt mitnehmen. Kochrezepte helfen bei der Einkaufsplanung fürs Wochenende.
		**Veganz** – Die App der ersten veganen Supermarktkette in Deutschland.

11. Ernährung, Gesundheit und Fitness

Kochbuch-Apps bieten weit mehr Rezepte als gedruckte Kochbücher und man hat sie immer dabei, wenn es z. B. darum geht, eine Party vorzubereiten. Auch im Alltag, bei Fitnessaktivitäten und medizinischen Fragen kann ein Smartphone nützlicher sein als ein PC.

Ernährung

Chefkoch

Hersteller: **pixelhouse GmbH**
Preis: **kostenlos**
Getestete Version: **August 2014**

Das Portal chefkoch.de bietet eine riesige Auswahl von über 250.000 deutschsprachigen Kochrezepten, die sich nach verschiedenen Kriterien filtern lassen.

Die persönlichen Lieblingsrezepte lassen sich auf dem PC speichern und auf dem Smartphone wiederfinden, um im Geschäft direkt eine Einkaufsliste zur Verfügung zu haben.

Über *Meine Suchen* lassen sich persönliche Suchen speichern, um jeden Tag neue Rezepte nach dem Lieblingsgeschmack oder zu bestimmten Themen zu finden. Ein einfacher Rechner passt die Zutatenmengen an eine beliebige Zahl von Portionen an.

Die größte Koch-Community auch auf dem Smartphone.

Koch Droid Rezepte

Hersteller: **Christoph Amrein**
Preis: **kostenlos**
Getestete Version: **Juli 2013**

Koch Droid zeigt die über 8.000 deutschsprachigen Rezepte von www.rezeptewiki.org auf dem Smartphone an. Hier kann man nach Arten von Gerichten suchen oder nach Zutaten, die noch vorhanden sind. Die eigenen Lieblingsrezepte lassen sich in einer Favoritenliste speichern, auf die man auch offline Zugriff hat.

Die App bietet zusätzlich eine Tablet-optimierte Oberfläche, auf der wesentlich mehr auf einen Blick zu sehen ist als auf dem Smartphone.

11 Ernährung, Gesundheit und Fitness

 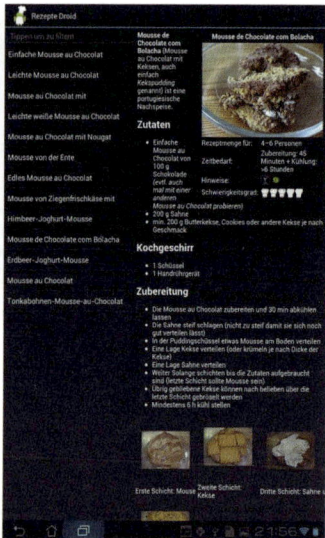

Koch Droid für Smartphone und Tablet.

Kochen mit gofeminin

Hersteller: **aufeminin.com**
Preis: **kostenlos**
Getestete Version: **August 2014**

Auch das Portal gofeminin.de liefert eine kostenlose Rezeptdatenbank. Diese lässt sich unter anderem nach Schwierigkeitsgrad und Preisklasse der Gerichte durchsuchen.

Lieblingsrezepte lassen sich in einem persönlichen Kochbuch speichern. Außerdem merkt sich die App automatisch die Rezepte, die man am häufigsten gelesen hat.

Das Rezept des Tages bringt neue Ideen, auf die man selbst vielleicht nicht gekommen wäre.

Ernährung

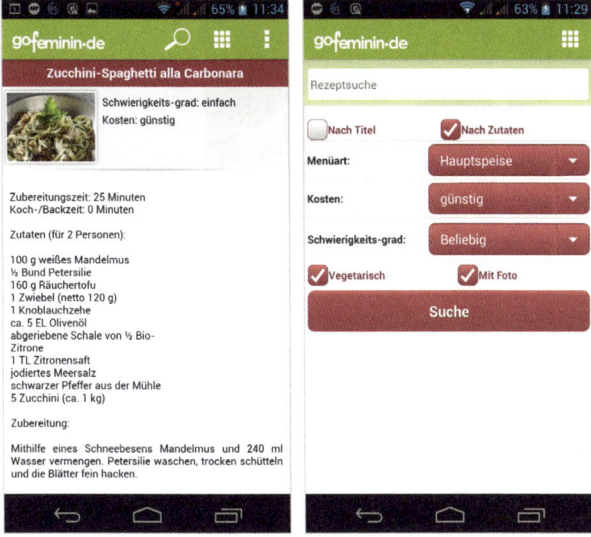

Kochrezepte bei gofeminin.

iPasta

Hersteller: **Barilla**
Preis: **kostenlos**
Getestete Version: **Januar 2012**

Der Nudelhersteller Barilla liefert italienische Pastarezepte unterschiedlichster Geschmacksrichtungen, die man sich authentisch nach den Regionen Italiens, nach Zutaten oder auch nach dem Anlass – vom einfachen Mittagessen bis zum Festmahl – aussuchen kann. Interessant ist die Rezeptsuche nach Stimmungen oder der Umgebung. Machen Sie ein Foto, die App sucht dann ein zu den Farben passendes Rezept.

Damit Ihre Pasta auch auf jeden Fall al dente wird, wählen Sie einfach die gewünschte Pastasorte aus und ziehen sie in den Kochtopf. Damit startet ein Timer, der zur richtigen Zeit daran erinnert, die Nudeln wieder herauszunehmen.

Das Spaghettometer hilft, die richtige Menge Spaghetti für eine bestimmte Personenzahl zu ermitteln.

Wellness, Gesundheit und Medizin

ICE: Emergency Contact

Hersteller: **Alexandre R.**
Preis: **kostenlos (Pro-Version 0,89 €)**
Getestete Version: **Juni 2013**

Die internationale Abkürzung ICE steht für **In C**ase of **E**mergency (auf Deutsch: im Notfall). Befindet man sich selbst in einer Notlage und findet ein Ersthelfer vor Ort das Handy und auch die App, kann er über die vorher vom Nutzer eingegebene Kontaktliste Angehörige kontaktieren. Weiterhin können lebensrettende Informationen wie Blutgruppe oder wichtige Medikamente hinterlegt werden. Ein Widget zeigt einen auffälligen Hinweis auf die App mit den Notfalldaten auf dem Startbildschirm und bietet die Möglichkeit, direkt eine Notfall-SMS an festgelegte ICE-Kontakte zu schicken.

Wellness, Gesundheit und Medizin

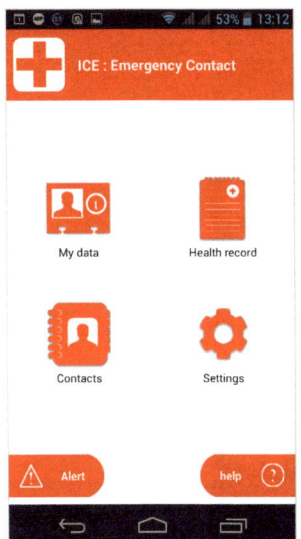

Kann im Notfall das eigene Leben retten.

Erste Hilfe im Notfall

Hersteller: **Arbeiter-Samariter-Bund**
Preis: **kostenlos**
Getestete Version: **Juli 2014**

In Notfallsituationen zählt jede Sekunde. Die meisten von uns erinnern sich wahrscheinlich nicht mehr an jede Erste-Hilfe-Maßnahme aus dem oft zu lange zurückliegenden Kurs während der Fahrschule. Dabei ist es gerade bei Unfällen wichtig, schnell zu handeln. Diese App zeigt übersichtlich die wichtigsten Vorgehensweisen in Notfällen.

Dank der App haben Sie im Notfall auch Zugriff auf alle wichtigen Notrufnummern. Mithilfe der App können Sie zudem eine Reiseapotheke zusammenstellen, und Sie können Ihre persönlichen Daten eingeben, sodass Helfer im Notfall wichtige Informationen über Sie bekommen können.

11 Ernährung, Gesundheit und Fitness

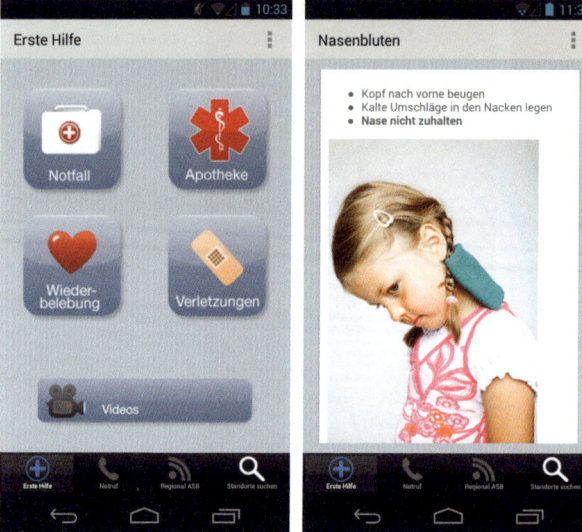

Informationen zur Ersten Hilfe.

> **In Ruhe ansehen**
>
> Sehen Sie sich die App lieber in einer ruhigen Stunde ausführlich an, als sich in einer Notsituation darauf zu verlassen, nachschlagen zu können.

Apotheke vor Ort

Hersteller: **Wort und Bild Verlag**
Preis: **kostenlos**
Getestete Version: **September 2014**

Mit dieser App bleibt man auch unterwegs mit seiner Stammapotheke in Verbindung. Zusätzlich liefert die App Infos zum Apothekennotdienst in der Umgebung, ein Heilkräuterlexikon, aktuelle Gesundheitsnachrichten sowie ein Glossar wichtiger Abkürzungen und Fremdwörter in Laborberichten.

Wellness, Gesundheit und Medizin

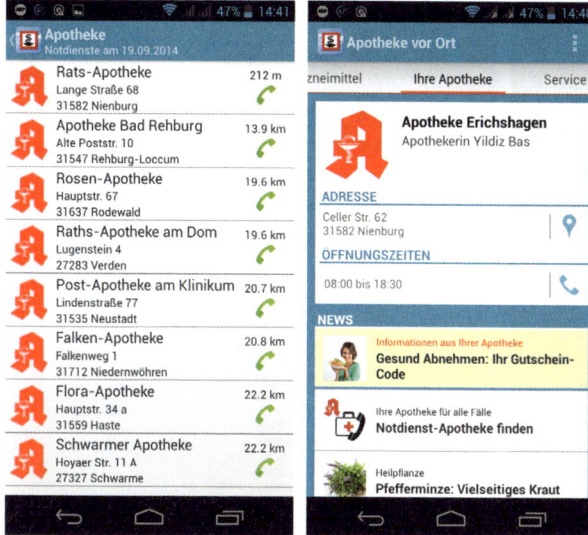

Alle wichtigen Infos zur eigenen Stammapotheke vor Ort.

MediPreis Barcode

Hersteller: Centaplus
Preis: kostenlos
Getestete Version: Dezember 2010

Mit der Preisvergleichs-App MediPreis kann man nach dem günstigsten Angebot für ein Medikament suchen. Einfach das gewünschte Medikament eingeben oder mit dem Barcode Scanner den Strichcode auf der Schachtel scannen, und schon werden die günstigen Angebote aus unzähligen Versandapotheken ausgespuckt.

MediPreis findet Medikamente, Naturheilmittel, Pflegeprodukte und Kosmetika.

Die App sucht nicht nur nach dem günstigsten Preis, sondern bietet auch Informationen über das jeweilige Medikament.

11 Ernährung, Gesundheit und Fitness

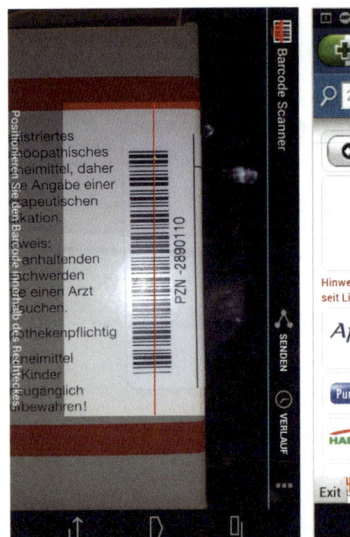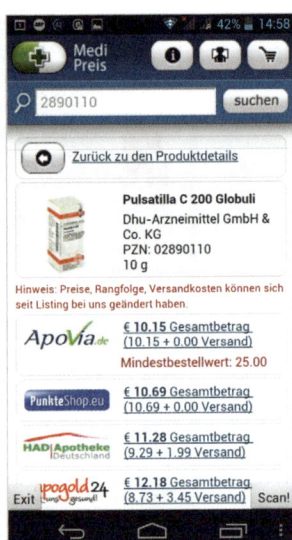

Sparen beim Arzneimittelkauf.

remidias free

Hersteller: remidias UG
Preis: kostenlos
Getestete Version: März 2013

Bei homöopathischen Mitteln kann man nicht einfach sagen: Dieses Mittel hilft gegen diese Krankheit. Ein homöopathisches Repertorium hilft, das passende Mittel zu finden. Zuerst wählen Sie das allgemeine Beschwerdebild, also etwa Husten, Schnupfen, Fieber, aus.

Daraufhin werden in den nächsten Schritten die spezifischen Symptome für dieses Beschwerdebild angezeigt. Nachdem einige Fragen beantwortet wurden, zeigt die App eine Liste von meist etwa fünf homöopathischen Mitteln, die nach ihrer Wertigkeit für die ausgewählten Symptome sortiert sind.

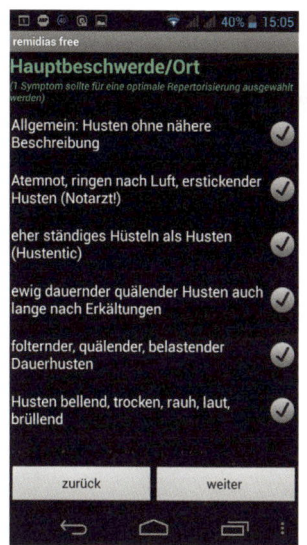

Homöopathisches Repertorium.

Periodenkalender

Hersteller: **Abishkking**
Preis: **kostenlos**
Getestete Version: **Oktober 2014**

Ein übersichtlicher Menstruationskalender hilft Frauen, ihre Periode zu planen. Fruchtbare und unfruchtbare Tage können vorausberechnet werden. Wer es genau wissen will, kann auch gemessene Basaltemperaturen und verschiedene Symptome und Ereignisse festhalten.

Sie können die App auch als Tagebuch nutzen. Und damit Ihnen die wichtigen Daten nicht verloren gehen, können Sie mit der Verbindung zum Google-Konto ein Backup sichern.

Persönlicher Periodenkalender für die Frau.

Toiletten Scout

Hersteller: Mobilino Software Development
Preis: kostenlos (Pro-Version 0,99 €)
Getestete Version: Januar 2014

Diese App findet schnell und unkompliziert öffentliche und andere Toiletten in der Nähe des aktuellen Standorts. Es werden auch diverse Toiletten in Restaurants angezeigt. Hier ist die Benutzung oftmals allerdings nur kostenlos, wenn man im Lokal etwas isst oder trinkt.

Da es bei Toiletten keine Hotelsterne gibt, sollten möglichst viele Nutzer aus der App heraus Bewertungen abgeben, um brauchbare Qualitätsprofile zu erstellen.

Öffentliche Toiletten finden und bewerten.

Fitness und Sport

Runtastic

Hersteller: **Runtastic**
Preis: **kostenlos, In-App-Käufe (Pro-Version: 4,99 €)**
Getestete Version: **August 2014**

Die App Runtastic erfasst per GPS die Daten einer Strecke, die man laufend oder auf dem Fahrrad zurückgelegt hat, zeigt die Strecke auf Google Maps und erfasst die Geschwindigkeit sowie die überwundenen Höhenmeter.

Bei Runtastic.com können die Daten hochgeladen und mit denen von Freunden verglichen werden.

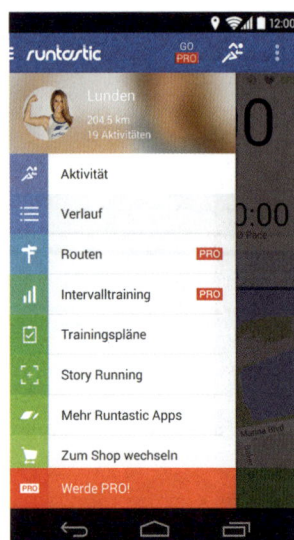 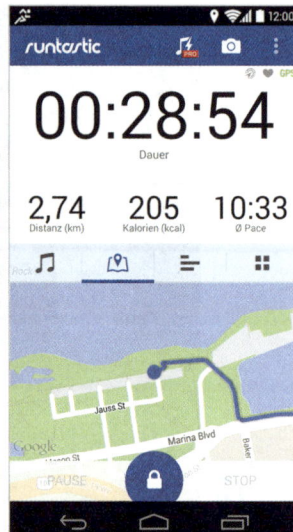

Das persönliche Fitnesstraining mit GPS-Unterstützung.

7-Minuten-Training

Hersteller: **Abishkking**
Preis: **kostenlos (In-App-Käufe)**
Getestete Version: **Oktober 2014**

Die besten Übungen für ganz gewöhnliche Menschen, mit denen man jederzeit überall trainieren kann; man braucht nur sieben Minuten dazu. Die App basiert auf dem High-Intensity Circuit Training, das als sehr effektive Methode zur Steigerung der Fitness gilt.

Das Training besteht aus zwölf Übungen und dauert insgesamt etwa sieben Minuten. Sie können auch einzelne Übungen abbrechen oder überspringen, und Sie haben die Möglichkeit, die Trainings- und Ruhezeit ganz nach Ihren Bedürfnissen einzustellen.

Fitness und Sport

c:geo

Hersteller: **c:geo Team**
Preis: **kostenlos**
Getestete Version: **September 2014**

Geocaching ist die moderne Form der Schnitzeljagd. Überall auf der Welt sind meist belanglose Gegenstände in sogenannten Caches – eine Art moderner Schatztruhen – versteckt. Zu jedem Cache gibt es eine rätselhafte Anleitung zum Finden.

Die App c:geo greift auf die bekannte Geocache-Datenbank geocaching.com zu und bietet alles, was das Schatzsucherherz begehrt: Cache-Liste, Kartenansicht mit nahe gelegenen Caches und eine detaillierte Beschreibung teilweise mit Hintergrundinformationen und Bildmaterial. Der integrierte Kompass hilft beim Einschlagen der richtigen Richtung.

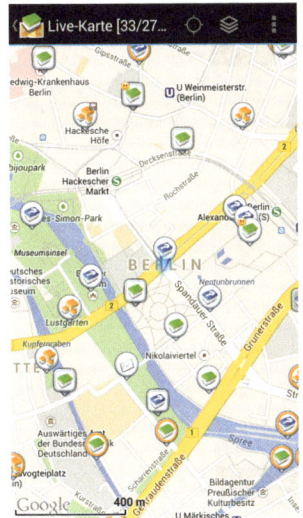
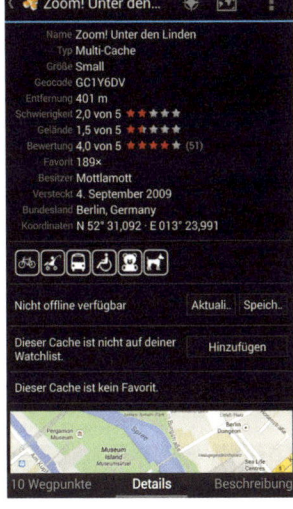

Geocaching für Android.

Wadlbeißer

Hersteller: Marco Pfattner
Preis: kostenlos (In-App-Käufe)
Getestete Version: August 2014

Wadlbeißer, früher als Velox bekannt, macht aus dem Smartphone einen Fahrradcomputer. Per GPS werden Geschwindigkeit, Strecke und Richtung angezeigt, wie auch durchschnittliche und maximale Geschwindigkeit, Tages- und Gesamtentfernung, Fahrzeit und Gesamtzeit sowie überwundene Höhenmeter.

Die eigene Position kann jederzeit auf Google Maps eingeblendet werden, über ein kostenloses Plug-in ist auch eine Anbindung an OpenStreetMap und OpenCycleMap möglich.

 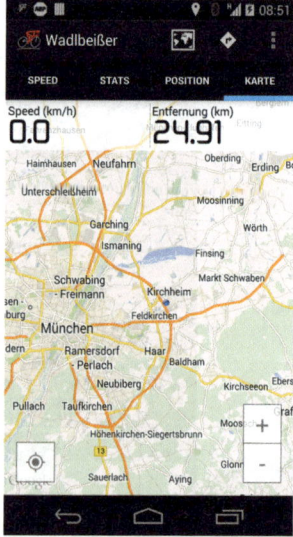

Das Smartphone als Fahrradcomputer.

12. Büro und Finanzen

In den Anfangszeiten der Smartphones waren es im Wesentlichen Geschäftsleute, die diese Geräte nutzten. Heute sieht es anders aus, ein Smartphone ist ein alltäglicher Begleiter der mobilen Internetgeneration.

Dennoch gibt es immer noch nützliche Apps für büroähnliche Funktionen auf den mobilen Taschencomputern, sodass Sie auch jederzeit unterwegs Zugriff auch Ihre Texte und Kalkulationen haben.

Office – Textverarbeitung und Tabellenkalkulation

Google Docs

Hersteller: **Google Inc.**
Preis: **kostenlos**
Getestete Version: **September 2014**

Die Textverarbeitung Google Docs beinhaltet alle wichtigen Funktionen einer Textverarbeitung. Damit lassen sich Dokumente auf Google Drive wie auch lokal auf dem Smartphone gespeicherte Word-Dokumente bearbeiten.

Mit dem Kontakte-Symbol oben rechts geben Sie das Dokument für andere Personen frei. Dabei können Sie diesen Personen verschiedene Rechte für das Dokument geben: nur anzeigen, kommentieren oder sogar bearbeiten.

12 Büro und Finanzen

 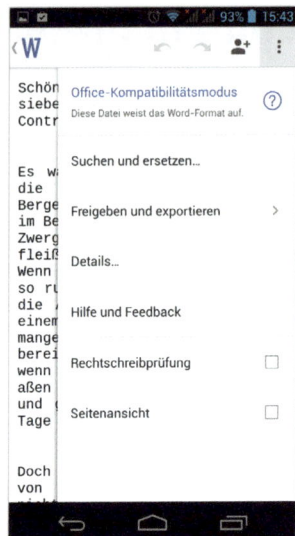

Textverarbeitung Google Docs auf dem Smartphone.

Google Tabellen

Hersteller: **Google Inc.**
Preis: **kostenlos**
Getestete Version: **September 2014**

Die Tabellenkalkulation Google Tabellen unterstützt fast alle Formeln sowie Sortier- und Filterfunktionen aus Excel. Um Felder zu bearbeiten, tippen Sie in die betreffende Zelle. Jetzt erscheint ein Bearbeitungsfeld am unteren Bildschirmrand. Nach der Bearbeitung der Werte wird die Tabelle automatisch neu berechnet.

Sie können neue Tabellen erstellen, bereits vorhandene bearbeiten, und natürlich ist es auch möglich, Tabellen für andere Personen freizugeben.

Office – Textverarbeitung und Tabellenkalkulation

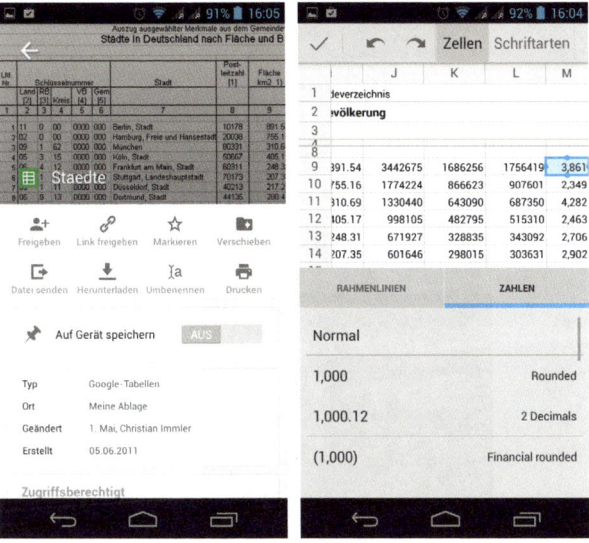

Die Tabellenkalkulation Google Tabellen.

Microsoft Office Mobile

Hersteller: **Microsoft Corporation**
Preis: **kostenlos**
Getestete Version: **März 2014**

Microsoft bietet ebenfalls eine Office-App für Android an. Damit können Sie Office-Dokumente bearbeiten und auch neue erstellen. Außerdem lassen sich Dokumente nutzen, die auf OneDrive oder Office 365 abgelegt wurden.

Microsoft Office Mobile verwendet zur Autorisierung nicht das Google-Konto, sondern ein Microsoft-Konto – wie Windows 8.1.

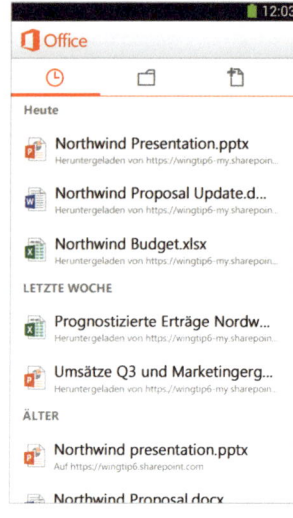

Microsoft Office auf dem Smartphone.

Taschenrechner

RealCalc Scientific Calculator

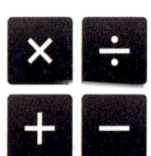

Hersteller: **Quartic Software**
Preis: **kostenlos**
Getestete Version: **August 2013**

Der RealCalc Scientific Calculator ist ein wissenschaftlicher Taschenrechner, der jede Menge Funktionen bietet und auch im Design an die Zeit vor den Smartphones angelehnt ist, als Taschenrechner noch echte Tasten hatten. Wer gerne im RPN-Modus mit umgekehrt polnischer Notation arbeitet, schaltet den Rechner auf diese Betriebsart um.

Sehr nützlich sind die zahlreichen Einheiten-Umrechnungsformeln, die im RealCalc Scientific Calculator über die Tasten *SHIFT+CONV* integriert sind. In übersichtlichen Listen finden Sie Maßeinheiten für Länge, Fläche, Volumen, Masse, Zeit, Energie, Temperatur und diverse andere Größen, in die der aktuell errechnete Wert mit wenigen Klicks umgerechnet wird.

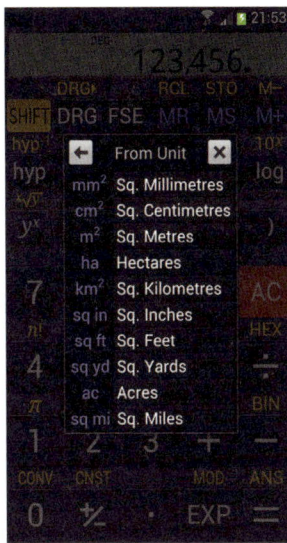

Der RealCalc Scientific Calculator mit Einheitenumrechnung.

CalcTape

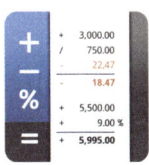

Hersteller: **SFR Software GmbH**
Preis: **kostenlos (In-App-Käufe)**
Getestete Version: **März 2014**

In Buchhaltungsbüros stehen heute noch klobige Tischrechner, die bei jedem Rechenschritt eine Zeile auf einen Papierstreifen drucken. Diese App leistet genau das Gleiche und sogar noch mehr.

Alle Eingaben lassen sich nachträglich korrigieren, und zu jedem Buchungsposten kann ein Kommentar geschrieben werden.

FX-603P Taschenrechner

Hersteller: **Martin Krischik**
Preis: **4,98 €**
Getestete Version: **August 2014**

Der FX-603P ist einer der beliebtesten programmierbaren wissenschaftlichen Taschenrechner. Diese App simuliert den Rechner perfekt auf einem Android-Smartphone. Auch hier lässt er sich programmieren und berechnet selbst komplizierte wissenschaftliche Formeln mit hoher Genauigkeit.

 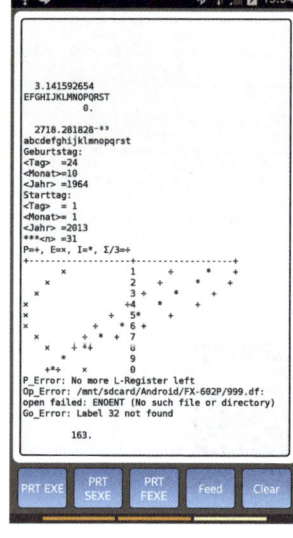

Simulation des FX-603P auf dem Smartphone.

13. Systemtools und Tuning

Seit dem ersten PC erfreuen sich vielfältige Systemtools bei Freaks ungebremster Beliebtheit. Android-Smartphones lassen sich mit den geeigneten Apps an vielen Ecken tunen – und das noch viel mehr als Smartphones anderer Plattformen, da Android den Entwicklern weitreichende Freiheiten im Zugriff auf Systemkomponenten gewährt.

Dateimanager

File Expert

Hersteller: **GeekSoft**
Preis: **kostenlos (In-App-Käufe)**
Getestete Version: **September 2014**

File Expert ist ein komfortabler Dateimanager für Android mit vielen interessanten Funktionen, die über das simple Kopieren und Verschieben von Dateien hinausgehen. File Expert bietet zusätzlich zum Zugriff auf Dateien, die lokal auf dem Smartphone oder auf der Speicherkarte liegen, auch interessante Netzwerk- sowie Cloud-Funktionen.

File Expert weist an mehreren Stellen auf die kostenpflichtige Version hin – für alle alltäglichen Aufgaben reicht die kostenlose Version völlig aus.

Bevor man sich in der Verzeichnisstruktur des Smartphones verliert, zeigt File Expert eine Übersicht über die wichtigsten Bereiche, Dateien, Dokumente, Apps. Auf diese Weise findet man die wichtigen Dateien leichter und kann diese auch direkt aus dem Dateimanager heraus mit einer zugeordneten Standard-App anzeigen oder zur Bearbeitung öffnen. File Expert enthält einen eingebauten Betrachter für Fotos und Grafikdateien.

13 Systemtools und Tuning

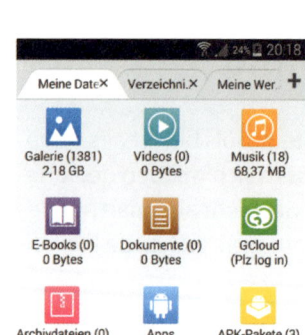 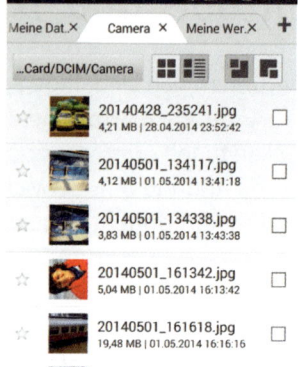

File Expert bietet eine Übersicht über die Inhalte auf dem Smartphone.

> **Apps sichern und weitergeben**
>
> Unter *Apps* sind alle installierten Apps aufgelistet. Hier können Sie nicht nur eine oder viele Apps auf einmal deinstallieren, sondern auch installierte Apps sichern, um sie im Notfall wieder neu installieren zu können. Die Apps werden als APK-Dateien im Verzeichnis */backup_apps* im internen Speicher abgelegt. Das Dateiformat ist das gleiche, das auch zum Download von Apps im Internet außerhalb des Google Play Stores verwendet wird.

X-plore File Manager

Hersteller: **Lonely Cat Games**
Preis: **kostenlos (In-App-Käufe)**
Getestete Version: **Oktober 2014**

X-plore ist ein Dateimanager, der viele der Funktionen von Windows-Dateimanagern auf Android-Smartphones bringt. X-plore arbeitet mit zwei Fenstern, die verschiedene Verzeichnisansichten beinhalten können. Auf Smartphones schaltet man durch Antippen des Pfeilsymbols auf das jeweils andere Fenster um, Tablets und hochauflösende Smartphones im Querformat zeigen beide Fenster gleichzeitig auf dem Bildschirm an. Dateien lassen sich von einem Fenster ins andere kopieren, verschieben oder als ZIP-Archiv packen. Die beiden Fenster können frei eingestellt werden. Dabei kann es sich um Verzeichnisse auf der Speicherkarte oder auch um Freigaben im lokalen Netzwerk oder FTP-Server handeln.

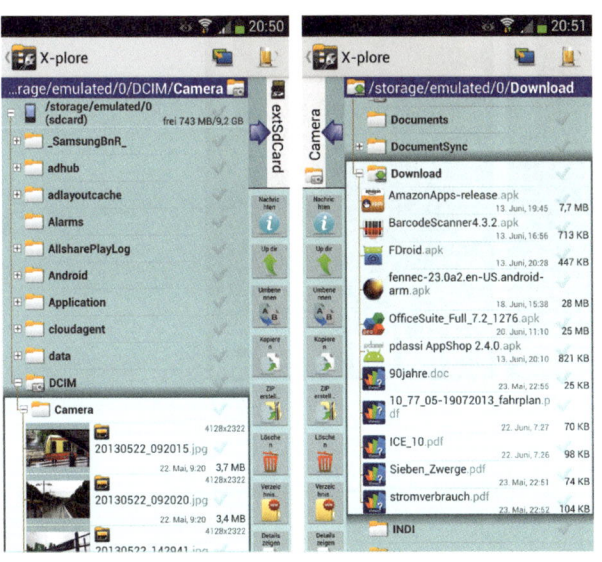

Im senkrechten Modus werden die Fenster alternativ dargestellt.

Total Commander

Hersteller: **C. Ghisler**
Preis: **kostenlos**
Getestete Version: **Januar 2014**

Der Total Commander ist auf dem PC einer der beliebtesten und funktionsreichsten Dateimanager. Dieses Tool wird jetzt auch für Android angeboten und verfügt dort über einen ähnlichen Funktionsumfang, unter anderem: Kopieren, Verschieben und Umbenennen von Dateien, Zugriff auf Server und Netzwerklaufwerke, Packen und Entpacken in verschiedenen Formaten, zwei Fenster, konfigurierbare Symbolleisten und vieles mehr.

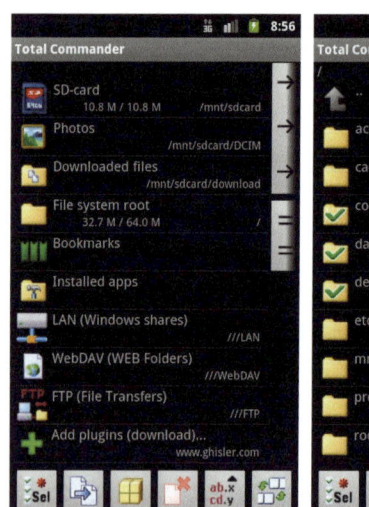 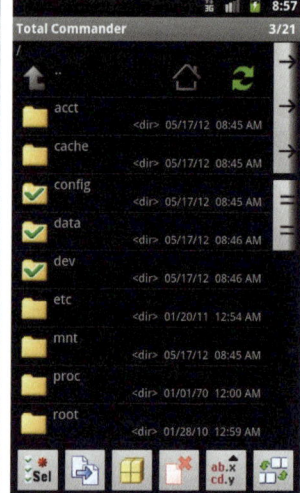

Der beliebte Windows-Dateimanager Total Commander auf Android.

Cloud-Speicher

Google Drive

Hersteller: **Google Inc.**
Preis: **kostenlos**
Getestete Version: **August 2014**

Google bietet mit Google Drive (drive.google.com) allen Benutzern bis zu 25 GByte kostenlosen Onlinespeicherplatz, der mit dem PC synchronisiert werden kann. Um Dokumente komplett offline zu nutzen, markieren Sie das Sternchen neben dem Dateinamen bei Google Drive. Diese Favoriten werden immer offline mit dem Smartphone synchronisiert.

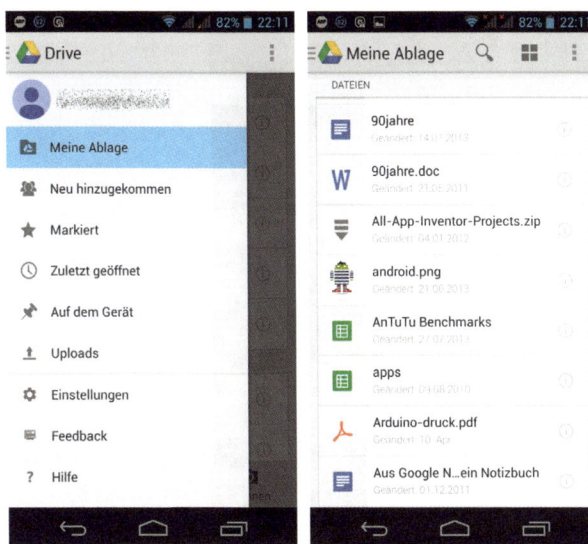

App zum Zugriff auf den Cloud-Speicher Google Drive.

Dropbox

Hersteller: **Dropbox, Inc.**
Preis: **kostenlos (In-App-Käufe)**
Getestete Version: **Oktober 2014**

Dropbox ist der bekannteste kostenlose Cloud-Speicherdienst, bei dem man eigene Daten auf einem Server ablegen und so von verschiedenen Geräten, PCs oder Smartphones darauf zugreifen kann.

Die Dropbox-App bietet Zugriff auf alle eigenen Dropbox-Ordner sowie auf die von Freunden freigegebenen. Bei der Einrichtung der Dropbox-App können Sie festlegen, dass neue Fotos vom Smartphone automatisch in das Verzeichnis *Camera Uploads* Ihrer persönlichen Dropbox hochgeladen werden sollen. Wählen Sie, um Datenvolumen Ihres Internettarifs zu sparen, die Option *Nur über WLAN*.

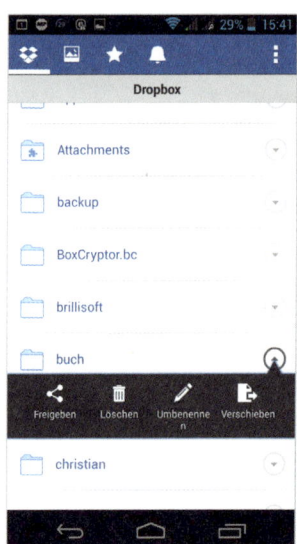

Dropbox-Ordner und Fotos auf dem Smartphone.

> **Mehr Speicher bei Dropbox**
>
> Dropbox stellt jedem Nutzer 2 GByte kostenlosen Speicherplatz zur Verfügung. Melden Sie sich bei Dropbox über den Link db.tt/vxUArMd an, bekommen Sie zusätzliche 500 MByte Willkommensbonus.

OneDrive

Hersteller: **Microsoft Corporation**
Preis: **kostenlos**
Getestete Version: **Oktober 2014**

Auch Microsoft bietet mit OneDrive (onedrive.live.com) eine Cloud-Speicherlösung an. Diese ist in Windows 8.1 bereits fest integriert. Mit der passenden Android-App kann man auch vom Smartphone auf seine Dateien zugreifen und sie mit Freunden teilen. Bei der Aktivierung der automatischen Kamerasicherung bekommt man 3 GByte zusätzlichen freien Speicherplatz auf OneDrive.

Microsofts Cloud-Speicher OneDrive auf einem Android-Smartphone.

Tools für WLAN und Mobilfunk

Wifi Analyzer

Hersteller: **farproc**
Preis: **kostenlos**
Getestete Version: **Oktober 2014**

Wifi Analyzer findet WLANs in der Nähe und zeigt deren Kanäle sowie Signalstärke an. Läuft man mit dem Wifi Analyzer durchs Haus oder auch draußen durch die Straßen, lassen sich die Ausbreitungsbedingungen der verschiedenen WLANs gut ermitteln. Auch beim Aufstellen des eigenen Routers kann diese App eine Hilfe sein. Wählen Sie den Kanal eines neuen WLAN-Routers immer so, dass möglichst viel Abstand zu den WLANs der Nachbarn besteht. Router auf dicht nebeneinanderliegenden WLAN-Kanälen können Interferenzen verursachen, die den WLAN-Empfang schwächen.

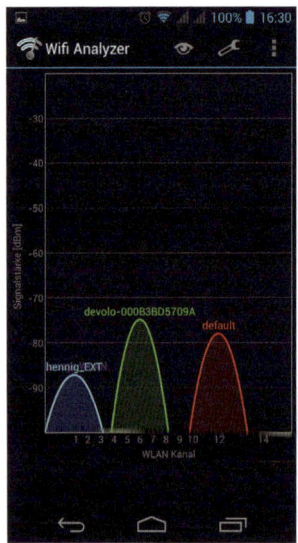 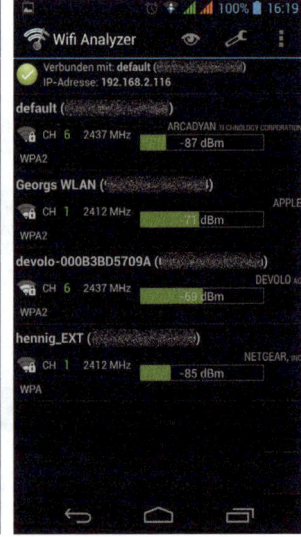

Wifi Analyzer zeigt alle WLANs in Reichweite.

Telekom HotSpot Login

Hersteller: **Telekom Deutschland GmbH**
Preis: **kostenlos**
Getestete Version: **April 2014**

Tools für WLAN und Mobilfunk

Zur Anmeldung an einem der über 11.000 WLAN-HotSpots der Telekom in Deutschland muss man im Browser Benutzername und Passwort eingeben, was auf Smartphones sehr mühsam ist.

Diese App speichert die Anmeldedaten und unterstützt so auch eine nahtlose Übergabe vom Mobilfunk zum WLAN, sobald man in die Nähe eines Telekom-HotSpots kommt.

Zusätzlich beinhaltet die App eine Suchfunktion nach Telekom-HotSpots in der eigenen Umgebung oder an einem beliebigen Ort.

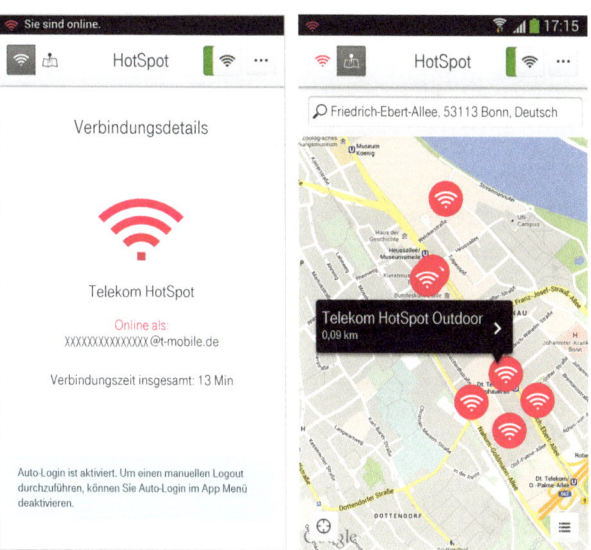

Telekom HotSpots einfach finden und anmelden.

Reject & Call

Hersteller: **Mmapps Mobile**
Preis: **kostenlos**
Getestete Version: **Januar 2013**

Diese Funktion wünscht man sich als Standard auf jedem Handy, aber keines hat sie. Viele Handytarife haben eine Flatrate ins Festnetz oder Freiminuten inklusive, dagegen kostet es immer Geld, vom Festnetz auf dem Handy anzurufen.

Diese App ermöglicht es, mit einem Tastendruck einen eingehenden Anruf einer bekannten Person, z. B. von zu Hause, abzulehnen und diese Person nach wenigen Sekunden durch Schütteln des Handys wieder anzurufen. So kann man im Alltag besonders bei Menschen, mit denen man oft telefoniert, viel Geld sparen.

Natürlich sollte man den betreffenden Personen einmal die Funktion und den Sinn dieser App erklären.

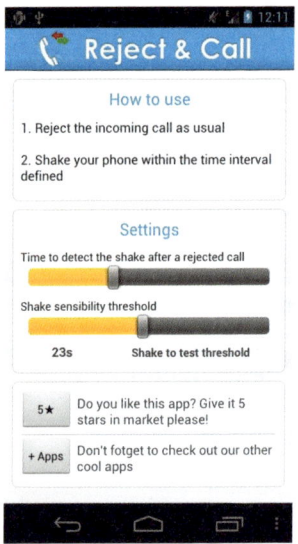

Handy schütteln und einen Anrufer zurückrufen.

FRITZ!App Fon

Hersteller: **AVM GmbH**
Preis: **kostenlos**
Getestete Version: **September 2014**

Wer zu Hause über eine FRITZ!Box per VoIP telefoniert, kann dies jetzt auch mit dem Handy tun. Ist das Smartphone im heimischen WLAN an der Fritz!Box angemeldet, wird es mit dieser App zum schnurlosen Festnetztelefon, nutzt die Festnetznummer und auch die Festnetz-Flatrate aus dem jeweiligen Tarif des DSL-Anschlusses.

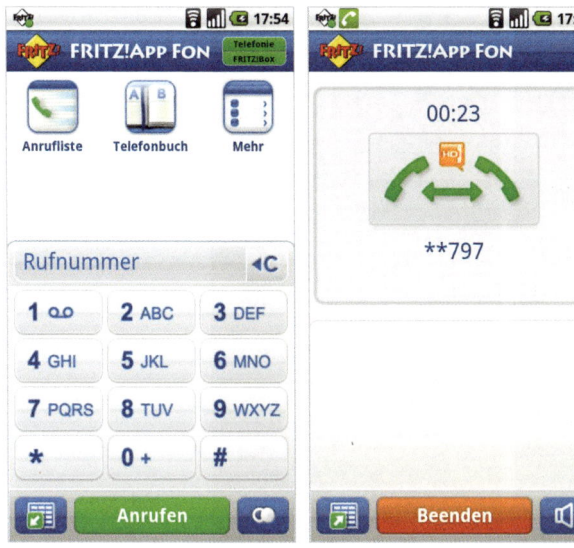

Über die FRITZ!Box per WLAN telefonieren.

Cheap Calls

Hersteller: **TeleSon Vertriebs GmbH**
Preis: **kostenlos (In-App-Käufe)**
Getestete Version: **September 2014**

Cheap Calls baut internationale Gespräche über eine deutsche Einwahlnummer im Festnetz auf. Von dort werden die Gespräche dann kostenlos ins Ausland weitergeleitet. So zahlen Sie immer nur die deutschen Festnetztarife Ihres Mobilfunkanbieters.

Mit einer Festnetz-Flatrate oder Inklusivminuten ins Festnetz sind Auslandsgespräche sogar komplett kostenlos, und das ohne Abo, Prepaid-Guthaben oder Registrierung.

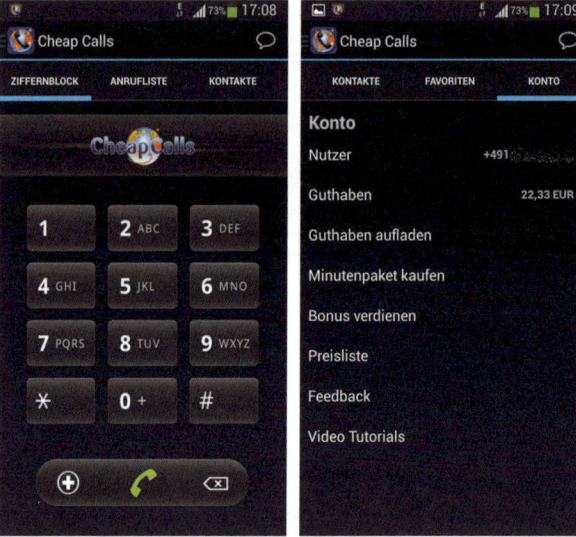

Telefonieren über Cheap Calls.

Apps für geringeren Akkuverbrauch

One Touch Akkusparer

Hersteller: **Tacoty App**
Preis: **kostenlos (In-App-Käufe)**
Getestete Version: **August 2014**

Wenn der Akku gegen Abend zu Ende geht, kann man mit einem einzigen Klick das Smartphone in einen Energiesparmodus versetzen. Dabei werden WLAN, Bluetooth, GPS, die Hintergrundbeleuchtung, der Vibrationsalarm und die automatische Synchronisierung abgeschaltet. Damit bleiben auch bei wenigen Prozent Akkukapazität noch ein paar Betriebsstunden.

In einem individuellen Sparmodus lässt sich festlegen, welche Systemfunktionen zum Akkusparen tatsächlich abgeschaltet werden sollen. Die

App One Touch Akkusparer liefert ein Widget für den Startbildschirm mit, das den aktuellen Akkuzustand anzeigt und das Smartphone durch Antippen in den Sparmodus versetzt.

One Touch Akkusparer.

GreenPower

Hersteller: **Binary Mango AS**
Preis: **kostenlos (In-App-Käufe)**
Getestete Version: **Oktober 2014**

Die App GreenPower spart im Alltagsbetrieb deutlich Strom, indem WLAN und mobile Datenverbindung in Zeitintervallen automatisch ein- und ausgeschaltet werden. Standardmäßig sind die Funkverbindungen eine Minute eingeschaltet, in dieser Zeit können im Hintergrund laufende E-Mail-Programme und andere Apps Mails und Status-Updates abfragen. Danach wird 15 Minuten lang Strom gespart, indem die Datenverbindungen abgeschaltet werden. Die Telefonverbindung bleibt ständig aktiv.

Alle Abschaltfunktionen lassen sich in zwei Profilen für Tag und Nacht frei konfigurieren. Wer häufig Messenger wie WhatsApp nutzt, kann die Mobilfunkverbindung eingeschaltet lassen und trotzdem andere Stromfresser wie GPS und Bluetooth von GreenPower automatisch verwalten lassen.

Akku sparen mit GreenPower.

Personalisierung

GO Launcher EX

Hersteller: **GO Launcher Dev Team**
Preis: **kostenlos (In-App-Käufe)**
Getestete Version: **September 2014**

Der GO Launcher EX ist eine der bekanntesten kostenlosen Oberflächen für Android-Smartphones. Besonders bei sehr vielen installierten Apps bietet der GO Launcher EX durch seine Suchfunktion und die Möglichkeit, Apps in Ordnern abzulegen, eine gute Übersicht. Eine frei konfigurierbare Dockleiste für beliebte Apps am unteren Bildschirmrand sowie Kontextmenüs bei langem Drücken auf ein Symbol erweitern die Funktionen der Android-Oberfläche.

GO Launcher EX, einer der beliebtesten Launcher für Android.

> **Alternativen Launcher als Standard verwenden**
>
> Ist ein alternativer Launcher installiert, wird automatisch eine Auswahlliste angeboten, wenn man das nächste Mal mit dem Haussymbol auf den Startbildschirm wechselt.
>
> Tippen Sie darunter auf *Immer*, wird von nun an immer der gewählte Launcher gestartet.
>
> Um die Einstellung zurückzusetzen, wählen Sie *Einstellungen/Apps/ GO Launcher EX/Standardeinstellung löschen*.

Der GO Launcher EX bietet eine komfortable Unterstützung für Fingergesten auf den Startbildschirmen und dem Docksymbol, verschiedene Blätteranimationen zwischen den einzelnen Startbildschirmseiten sowie scrollende und in der Größe veränderbare Widgets.

Neben Android-Widgets liefert der Launcher auch diverse eigene Widgets, die die Funktionen erweitern. Das Aussehen des GO Launcher EX ist über Themen weitgehend personalisierbar.

Google Now Launcher

Hersteller: **Google Inc.**
Preis: **kostenlos**
Getestete Version: **August 2014**

Auf vielen Smartphones ist vom Hersteller ein eigener Launcher vorinstalliert. Diese Oberflächen haben nicht immer nur Vorteile. Installieren Sie einfach den Google Now Launcher und legen Sie ihn als Standard-Launcher fest.

Yandex.Shell

Hersteller: **Yandex**
Preis: **kostenlos**
Getestete Version: **Juli 2014**

Yandex.Shell, der kostenlose Nachfolger des seinerzeit sehr beliebten SPB Shell 3D, bringt Widgets für Kalender, Kontakte, Wetterbericht, SMS, Wecker und vieles mehr in einer coolen dreidimensionalen Oberfläche auf den Startbildschirm. Mit ein paar lockeren Fingerbewegungen zeigen verschiedene Bildschirmansichten aktuelle Infos der persönlichen Kontakte, SMS, Wetter und Termine.

Die neuartige Karussellansicht erreicht man mit einem Fingerstrich von unten nach oben über den Bildschirm. Yandex.Shell bietet diverse Einstellungen, mit denen sich Design und Verhalten des Launchers konfigurieren lassen.

Die innovative Oberfläche der Yandex.Shell.

KK Launcher

Hersteller: **KK App Team**
Preis: **kostenlos**
Getestete Version: **Oktober 2014**

Der KK Launcher bringt das Design und die Bedienung von Android KitKat auch auf Smartphones mit älteren Android-Versionen. Zusätzlich bietet der Launcher viele Anpassungsmöglichkeiten und interessante Zusatzfunktionen wie Kontextmenüs oder eine einblendbare Seitenleiste mit wichtigen Infos und Tools.

13 Systemtools und Tuning

 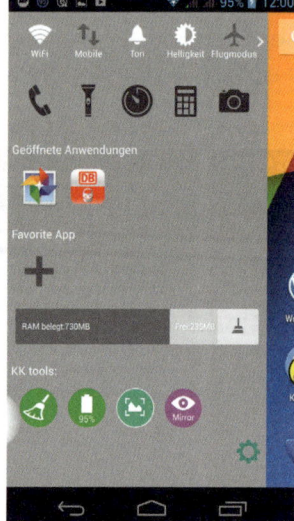

Der KK Launcher im KitKat-Design.

Launcher 8

Hersteller: **Timo Kujala**
Preis: **kostenlos (In-App-Käufe)**
Getestete Version: **Dezember 2013**

Microsofts Smartphone-Plattform Windows Phone überzeugt durch die neuartige und sehr innovative Oberfläche, die ganz neue Akzente bei der Bedienung von Smartphones setzt. Launcher 8 ist eine Android-Benutzeroberfläche, die das Design und Bedienkonzept von Windows Phone täuschend echt nachahmt.

Die Live-Kacheln und Farben lassen sich wie beim Vorbild anpassen. Beim ersten Start müssen Standardanwendungen für die Systemkacheln wie Telefon, Nachrichten, Browser etc. festgelegt werden, die sich aber auch später noch jederzeit ändern lassen.

Sicherheit

Launcher 8 macht aus dem Android-Smartphone (fast) ein Windows Phone.

Sicherheit

Eset Mobile Security & Antivirus

Hersteller: **Eset**
Preis: **kostenlos (In-App-Käufe)**
Getestete Version: **August 2014**

Eset Mobile Security & Antivirus schützt Android-Smartphones vor Viren, Trojanern, Spyware, Backdoors und andere Malware und auch gegen Diebstahl. Eset Mobile Security & Antivirus scannt jede App bei der Installation und überprüft auch im Hintergrund das Smartphone auf gefährliche Aktivitäten. Aktivieren Sie dazu während der Installation die Erkennung unerwünschter Anwendungen. Zusätzlich kann man jederzeit bei Verdacht einer Malware-Infektion das Gerät komplett überprüfen lassen. Neben dem relativ geringen Risiko eines Virus überprüft Eset Mobile

Security & Antivirus das Smartphone auch auf Einstellungen und Apps, die möglicherweise ein Risiko für die Sicherheit darstellen.

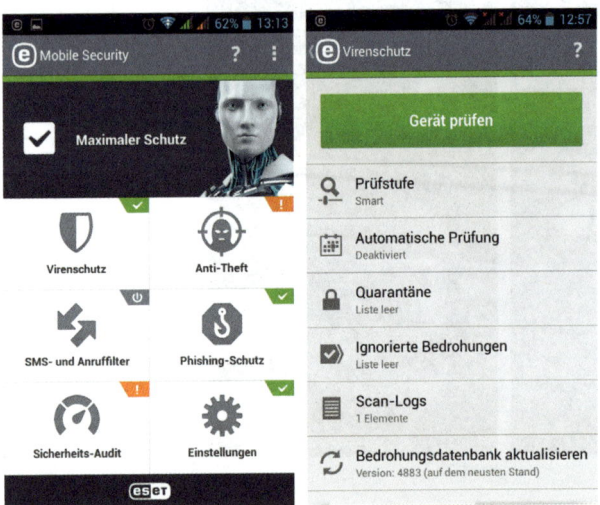

Prüfung auf verdächtige Apps.

> **Kostenlose Premium-Version für Leser**
>
> Als Leser dieses Buches bekommen Sie für ein Jahr die Premium-Version von Eset Mobile Security & Antivirus für ein Smartphone kostenlos. Wählen Sie dazu nach der Installation über das Menüsymbol rechts oben die Option *Lizenz* und geben Sie unter *Anwendung aktivieren* Ihren persönlichen Aktivierungscode ein, den Sie auf der letzten Seite dieses Buches finden.

Android Geräte-Manager

Hersteller: **Google Inc.**
Preis: **kostenlos**
Getestete Version: **August 2014**

Sicherheit

Android verfügt über eingebaute Funktionen, um ein Smartphone zu orten oder sogar aus der Ferne zurückzusetzen, wenn es gestohlen wurde.

Mit dem Android Geräte-Manager finden Sie von einem Android-Gerät alle anderen Geräte, die im gleichen Google-Konto registriert sind.

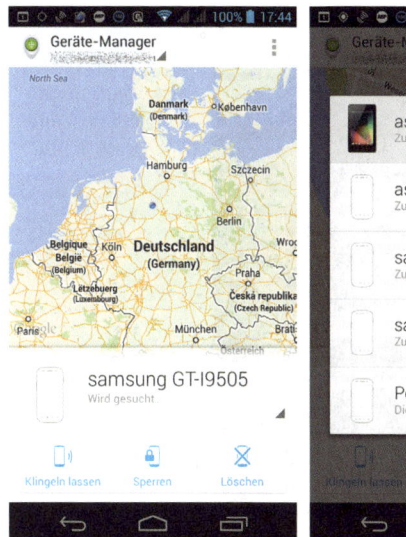

Smartphones orten und fernsteuern.

Ad Network Detector

Hersteller: **Lookout Labs**
Preis: **kostenlos**
Getestete Version: **Mai 2013**

Der Ad-Network Detector prüft alle auf dem Smartphone installierten Apps auf integrierte Werbefunktionen. Dabei werden fast alle bekannten Werbenetzwerke berücksichtigt, sodass der Prüfung kaum etwas entgehen sollte.

In jeder der typischen Kategorien werden die für die Werbung verantwortlichen Apps aufgelistet. Dazu gibt es ausführliche Informationen über das Verhalten und die in Bezug auf Datenschutz und Sicherheit relevanten Bedenken. Einige Werbenetzwerke bieten Opt-out-Seiten, über die man ein Smartphone schützen kann. Diese werden, falls vorhanden, ebenfalls angezeigt.

Der Ad Network Detector findet installierte Apps mit integrierter Werbung.

Adblock Plus

Hersteller: **Eyeo GmbH**
Preis: **kostenlos**
Getestete Version: **August 2014**

Der beliebte Werbeblocker Adblock Plus ist auch für Android-Smartphones erhältlich und blockiert im Browser wie auch in vielen anderen Apps die meiste unerwünschte Werbung, allerdings nur über WLAN-Verbindungen, da das Android-Sicherheitssystem den direkten Zugriff auf Mobilfunkverbindungen unterbindet. Da Google als einer der größten Werbe-

Sicherheit

vermarkter im Internet Werbeblocker gar nicht gerne sieht, kann Adblock Plus nicht über den Google Play Store angeboten werden. Besuchen Sie daher zur Installation mit dem Browser auf dem Smartphone die Webseite adblockplus.org oder nutzen Sie den abgebildeten QR-Code.

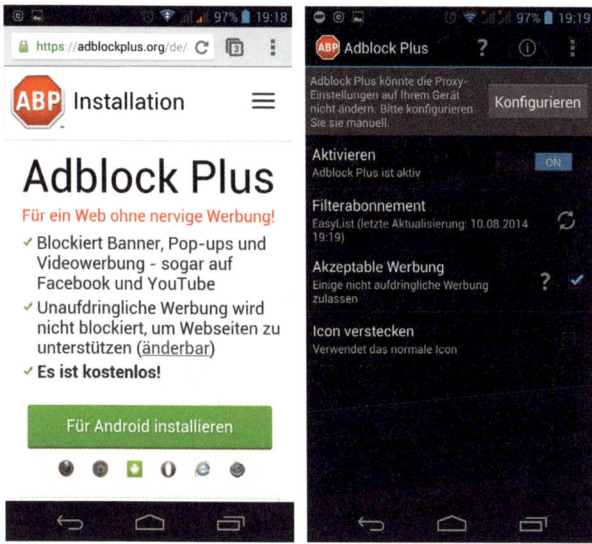

Adblock Plus installieren und einrichten.

> **Was ist nicht aufdringliche Werbung?**
>
> In Absprache mit großen werbefinanzierten Webseiten hat Adblock Plus einen Schalter *Einige nicht aufdringliche Werbung zulassen* eingebaut. Damit ist es möglich, bestimmte einfache Bannerwerbung, die keine Inhalte verdeckt und den Nutzer nicht mit Musik oder extrem hohem Datenvolumen belästigt, weiterhin zuzulassen. So können Benutzer Webseiten unterstützen, die nicht aufdringliche Werbung verwenden, und damit ein Zeichen gegenüber anderen Seiten setzen. Der Schalter ist automatisch aktiviert. Die meisten Nutzer verändern die Standardeinstellungen einer App nie. Standardmäßig ausgeschaltet würde diese Funktion ihren Zweck nicht erfüllen.

14. Spiele

Spiele, die von vielen selbst ernannten Computerspezialisten als unwichtig betrachtet werden, tragen doch wesentlich zur Weiterentwicklung und Verbreitung jeder Computerplattform bei. Schnelle und intelligente Spiele für verschiedenste Systeme zu entwickeln, gilt für viele Programmierer als Herausforderung.

Spiele für zwischendurch

Angry Birds

Hersteller: **Rovio Mobile Ltd.**
Preis: **kostenlos (In-App-Käufe)**
Getestete Version: **Juli 2014**

Kaum ein Spiel hat in der letzten Zeit so viel von sich reden gemacht wie Angry Birds, ein abwechslungsreiches physikbasiertes Spiel, bei dem man mit einer Schleuder Festungen zerschießen muss, in denen sich böse grüne Schweine befinden, die den Vögeln ihre Eier stehlen.

Das beliebte Spiel Angry Birds.

Durch geschickte Haltung der Schleuder lassen sich Schussweite und Schusskraft justieren, sodass man mit der geringen Anzahl vorgegebe-

Spiele für zwischendurch

ner Vögel die Festung so weit zum Einsturz bringen kann, dass sich alle grünen Schweine in nichts auflösen.

Quizduell

Hersteller: **FEO Media AB**
Preis: **kostenlos (Premium-Version 2,69 €)**
Getestete Version: **Oktober 2014**

Quizduell ist eines der beliebtesten Spiele auf dem Handy. Man spielt gegen einen Freund oder einen zufälligen Spieler und versucht, sein Wissen anhand von über 25.000 Fragen zu beweisen.

Zufällig bekommen beide Spieler dieselben drei Fragen aus abwechselnd wählbaren Wissensgebieten. Wer mehr richtige Antworten hat, gewinnt das Quizduell.

 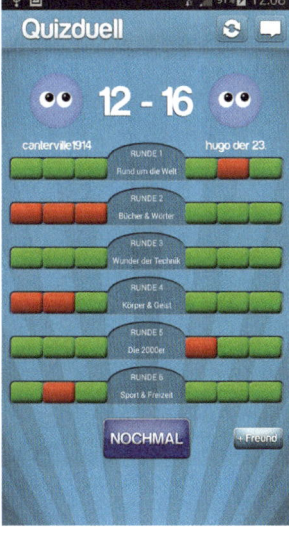

Das Quizduell per Handy gegen einen Freund.

Flow

Hersteller: **Big Duck Games LLC**
Preis: **kostenlos (In-App-Käufe)**
Getestete Version: **September 2014**

Flow ist ein ebenso einfaches wie süchtig machendes Spiel, bei dem es eigentlich nur darum geht, gleichfarbige Punkte mit Linien zu verbinden.

Was am Anfang noch simpel aussieht, entpuppt sich in späteren Levels als echte Herausforderung, da der direkte Weg meistens nicht zur Lösung führt. Das Spiel hat eine ausgesprochen intuitive, für Touchscreens optimierte Steuerung, die keiner weiteren Erklärung bedarf.

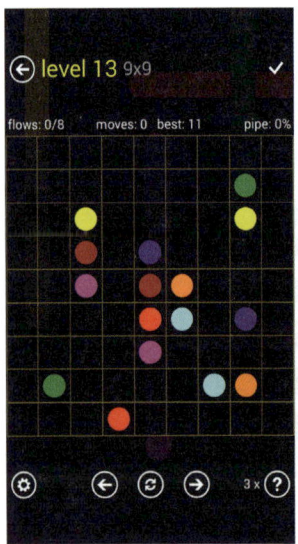 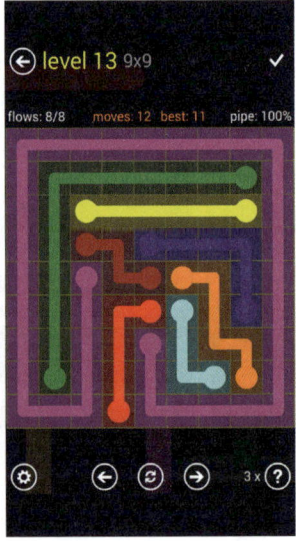

Eines meiner Lieblingsspiele für zwischendurch.

Tetris

Hersteller: Electronic Arts
Preis: kostenlos (In-App-Käufe)
Getestete Version: Oktober 2014

Kaum jemand hat diesen Klassiker noch nicht gespielt. Unterschiedlich geformte geometrische Figuren fallen von oben herunter und müssen so angeordnet werden, dass sie komplette Reihen füllen, die sich dann auflösen.

Im Gegensatz zu heutigen ähnlichen Spielen hält sich Tetris nicht an die Regeln der Physik. Ein heruntergefallener Stein bleibt liegen, wie er fiel, kippt nicht und beeinflusst auch keine anderen Steine.

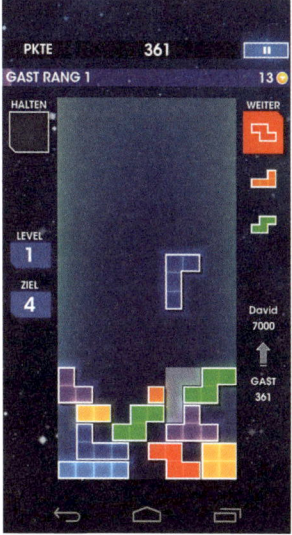
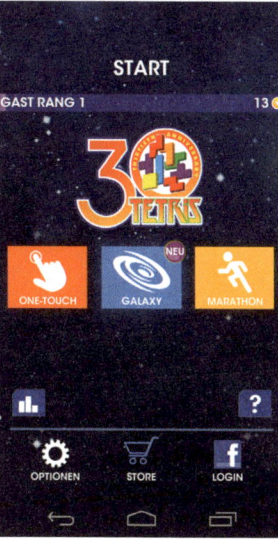

Das erfolgreichste Computerspiel aller Zeiten.

Candy Crush Saga

Hersteller: **King**
Preis: **kostenlos (In-App-Käufe)**
Getestete Version: **Oktober 2014**

Spiele, bei denen es darum geht, drei oder mehr gleiche Steine in eine Reihe zu bringen, die sich anschließend auflöst, gibt es zu Hunderten. Ein Vertreter dieses süchtig machenden Spielprinzips,

Candy Crush Saga, steht mit seinem Bonbon-Design in den Toplisten des Google Play Stores immer ganz weit oben.

Das beliebte Spielprinzip „Drei in einer Reihe".

Denk- und Knobelspiele

2048 Number Puzzle

Hersteller: **Estoty Entertainment Lab**
Preis: **kostenlos**
Getestete Version: **August 2014**

Das Zahlenpuzzle 2048 ist das Kultspiel des Jahres 2014. Kein Spiel hat in so kurzer Zeit so viele Downloads und auch Nachahmer gefunden. Dabei ist 2048 „nur" der moderne Nachfolger des klassischen 16er-Schiebespiels.

Ähnlich wie damals müssen auf einem 4 x 4 Felder großen Spielfeld Kacheln mit Zahlen in waagerechter und senkrechter Richtung verschoben werden. Damit sind die Gemeinsamkeiten auch schon ausgeschöpft.

Bei 2048 schiebt man immer alle vier Reihen gleichzeitig. Dabei kommt in jeder Runde automatisch ein neuer Stein ins Spiel.

Das neue Kultspiel 2048.

Treffen zwei gleiche Zahlen aufeinander, entsteht daraus eine neue Kachel mit der Summe der beiden Zahlen. Alle Kacheln beginnen mit dem Wert 2. Ziel ist es, durch geschicktes Verschieben eine Kachel mit der Zahl 2048 zu bekommen.

Sudoku

Hersteller: **Jason Linhart**
Preis: **kostenlos**
Getestete Version: **November 2013**

Natürlich gibt es auch für Android jede Menge Umsetzungen des beliebten japanischen Zahlenspiels Sudoku. Eine besonders gute und auch noch kostenlose ist Enjoy Sudoku Daily von Jason Linhart.

Sudoku mit Tipps zur Lösungsstrategie.

Jeden Tag gibt es in verschiedenen Schwierigkeitsstufen je ein neues Sudoku, wobei es die höchste Stufe wirklich in sich hat. Was diese Sudoku-Umsetzung so besonders macht, ist das umfangreiche Hilfesystem mit Sudoku-Lexikon und detaillierten Hinweisen zu Lösungsstrategien. Zum Training kann man sich die handwerkliche Arbeit beim Lösen eines Sudokus abnehmen lassen und sogenannte Bleistiftmarkierungen aller möglichen gültigen Zahlen für ein Feld automatisch vornehmen lassen und sich so voll auf die tatsächliche Denkleistung in den schwierigeren Leveln konzentrieren.

Zauberwürfel

Hersteller: **Maximko Online**
Preis: **kostenlos**
Getestete Version: **September 2014**

In den 80er-Jahren hat jeder damit gespielt – heute sind die Rubik's Cubes, auch Zauberwürfel genannt, wieder etwas in Vergessenheit geraten.

Diese App bringt den Zauberwürfel zurück aufs Handy. Wer keinen echten Würfel mehr hat, kann versuchen, interaktiv auf dem Handy die Lösung zu finden.

Ziel des Spiels ist es, auf jeder Seite des Würfels neun gleichfarbige Teilflächen zu haben.

Der Zauberwürfel auf dem Smartphone.

Simon Tatham's Puzzle-Sammlung

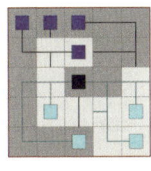 

Hersteller: **Chris Boyle**
Preis: **kostenlos**
Getestete Version: **Oktober 2014**

Diese Puzzle-Sammlung ist eine Umsetzung der bekannten Logikspiele der Simon Tatham's Portable Puzzle Collection für Android. Die App umfasst zahlreiche Denkaufgaben für eine Person, die jeweils neue Rätsel generieren können.

Wer gerne seinen Kopf zum Qualmen bringt, hat vorprogrammierten und endlosen Spielspaß.

 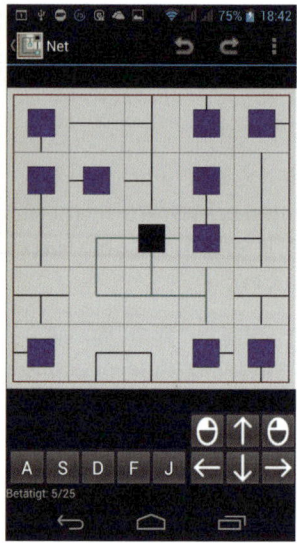

Große Sammlung mit Geometrie- und Logikspielen.

Rollen- und Simulationsspiele

Prehistoric Park Builder

Hersteller: Gear Games
Preis: kostenlos (In-App-Käufe)
Getestete Version: Februar 2014

In diesem Spiel erbaut man den ersten Freizeitpark der Menschheit. Ein Vergnügungspark im Zeitalter der Höhlenmenschen will bewirtschaftet und ausgebaut werden, damit die Besucher bei Laune bleiben und sich möglichst lange im Vergnügungspark aufhalten.

Einen Freizeitpark der Steinzeit bauen und betreiben.

Paradise Island

Hersteller: **GIGL**
Preis: **kostenlos (In-App-Käufe)**
Getestete Version: **Oktober 2014**

Arbeiten im Urlaub – das eigene Hotel am Strand kann in Paradise Island ganz schnell Wirklichkeit werden. Und es muss nicht bei einem Hotel bleiben. Aus dem ersten Gebäude kann ein ganzes Resort, ein Vergnügungspark, ein Touristenimperium werden.

Spielen Sie den Manager und bauen und bewirtschaften Sie eine Stadt am Meer.

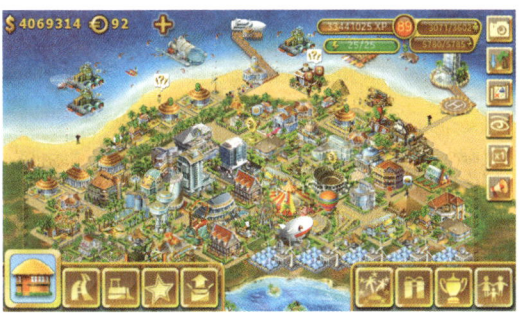

Das eigene Paradies erbauen und bewirtschaften.

Ice Age: Die Siedlung

Hersteller: **Gameloft**
Preis: **kostenlos (In-App-Käufe)**
Getestete Version: **August 2014**

Für alle Fans der Animationsfilmserie Ice Age gibt es jetzt das offizielle Spiel zum Film. In Ice Age: Die Siedlung baut man für alle Kreaturen der Ice-Age-Welt ein eigenes Dorf auf. Dazu gibt es jede Menge Missionen und Minispiele zu lösen. Fast täglich werden neue Aufträge und Wettbewerbe angeboten.

Das offizielle Spiel zur Filmserie.

Majesty – Fantasy Kingdom Sim

Hersteller: **HeroCraft Ltd**
Preis: **kostenlos (Pro-Version 1,49 €)**
Getestete Version: **April 2013**

Seit man selbst zum Landesoberhaupt gekrönt wurde, ruht alle Verantwortung für das Wohl des Landes auf den eigenen königlichen Schultern. Dabei geht es darum, gegen verschiedene Feinde und Monster zu kämpfen, neue Gebiete zu erkunden, die wirtschaftliche und wissenschaftliche Entwicklung zu steuern sowie eine Menge ungewöhnlicher und unerwarteter Aufgaben zu lösen. Eine Wirtschafts- und Politiksimulation der ganz eigenen Art.

Ein großes Abenteuer auf einem kleinen Telefon.

Hacker's Quest

Hersteller: **O-to-the-L Apps Dev Team**
Preis: **0,79 €**
Getestete Version: **Oktober 2014**

Textadventures waren schon in den Zeiten der ersten PCs sehr beliebt. Hacker's Quest lässt dieses klassische Spielgenre mit einem modernen Thema wieder aufleben.

Hier nimmt man die Rolle eines mysteriösen Hackers ein, liest E-Mails und versucht, geheime Daten zu finden. Inspiriert von der Linux-Shell macht Hacker's Quest aus dem Smartphone das perfekte Hacker-Werkzeug. Dabei gilt es, einige Hürden zu überwinden, wie zum Beispiel Firewalls in der Form von Minigames zu knacken, Passwörter herauszufinden und letztlich auch zu entscheiden, wem man hilft und wem besser nicht.

 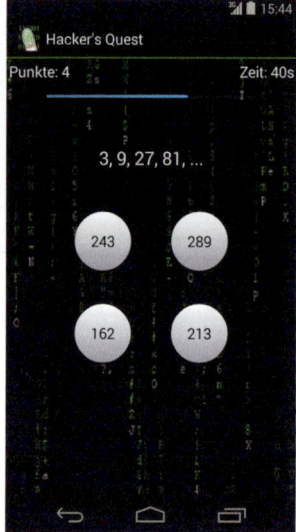

Einmal im Leben Hacker sein.

Brett- und Kartenspiele

250+ Solitär Sammlung

Hersteller: **Alexei Anoshenko**
Preis: **kostenlos (In-App-Käufe)**
Getestete Version: **Oktober 2014**

Kartenpatiencen sind seit Jahrhunderten eine beliebte Beschäftigung und auch, spätestens seit Windows Solitaire auf den PC brachte, ein beliebtes Computerspiel auf jeder Systemplattform.

Die 250+ Solitär Sammlung enthält über 250 verschiedene Regelvarianten, bei denen es fast immer darum geht, ein typisches Kartenblatt mit 52 Karten nach bestimmten Kriterien zu ordnen.

Brett- und Kartenspiele

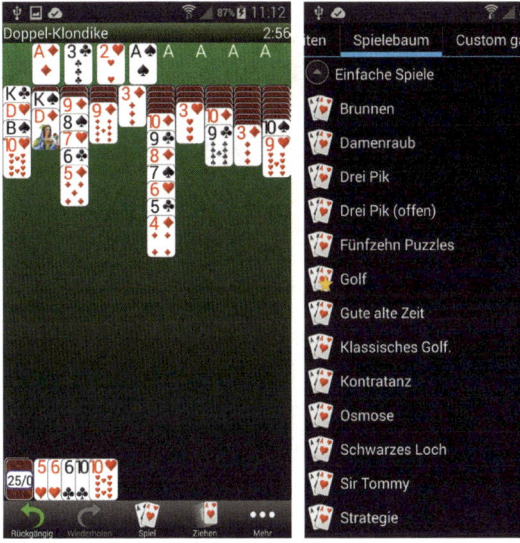

Über 250 Solitaire-Varianten.

Chess Free

Hersteller: AI Factory Limited
Preis: kostenlos
Getestete Version: September 2014

Schach ist wohl das bekannteste Brettspiel aller Zeiten. Dementsprechend viele Umsetzungen gibt es auch für Smartphones. Chess Free ist eine der wenigen wirklich kostenlosen Versionen, die zudem eine gute Spielstärke zeigt.

Das Spiel bietet umfangreiche Einstellungsmöglichkeiten, eine integrierte Schachuhr, Spielprotokoll und verschieden gestaltete Figurensätze zur Auswahl.

14 Spiele

Eines der besten kostenlosen Schachspiele für Android-Smartphones.

Reversi

Hersteller: **AI Factory Limited**
Preis: **kostenlos**
Getestete Version: **Juli 2014**

Reversi ist ein beliebter Brettspielklassiker. In dem Spiel geht es darum, alle Steine auf die eigene Farbe zu drehen.

Dabei setzt man abwechselnd mit dem Gegner jeweils einen Stein und dreht alle Steine um, die sich zwischen dem neuen und anderen Steinen eigener Farbe in durchgehenden Reihen befinden.

Brett- und Kartenspiele

Reversi oder Othello – der Klassiker für 2 Personen.

Catan

Hersteller: **USM**
Preis: **2,99 € (In-App-Käufe)**
Getestete Version: **August 2014**

Die Siedler von Catan, das beliebteste unter den modernen Brettspielen, spielt sich nun mal am besten zu dritt oder zu viert. Auf dem Smartphone hat man jederzeit Mitspieler sowie das komplette Spielmaterial zum Siedeln dabei.

Catan ist die vollständige Umsetzung des Brettspiels. Dabei gelten alle Regeln des Grundspiels und auf Wunsch auch die Seefahrer-Erweiterung, wobei verschiedene Seefahrer-Szenarien oder auch einfach ein freies Spiel möglich sind. Alle Sonderregeln der Kampagnen werden ausführlich erklärt. Einige komplexere Szenarien werden erst freigeschaltet, nachdem man einfachere Szenarien erfolgreich durchgespielt hat.

Das beliebte Brettspiel auf dem Smartphone.

Carcassonne

Hersteller: Exozet
Preis: **3,99 € (In-App-Käufe)**
Getestete Version: **September 2014**

In diesem mehrfach ausgezeichneten Legespiel baut man aus Kärtchen eine Landschaft mit Städten und Klöstern, Straßen und Wiesen und vergrößert diese mit jedem Zug.

Der Einfluss auf die einzelnen Bereiche kann mit den Gefolgsleuten Ritter, Mönch, Wegelagerer oder Bauer erweitert werden. Die rund um die südfranzösische Stadt Carcassonne entstehende Landschaft sieht dabei jedes Mal völlig anders aus.

Das bis heute erfolgreiche Spiel des Jahres 2001 auf dem Smartphone.

Sport- und Geschicklichkeitsspiele

Cordy 2

Hersteller: **SilverTree Media**
Preis: **kostenlos (In-App-Käufe)**
Getestete Version: **November 2013**

Jump-and-Run-Spiele gibt es viele und für alle Computerplattformen – vom Handy bis zum Hochleistungs-PC. Cordy ist eine besonders ansprechend gestaltete Variante dieses Genres mit einer dreidimensionalen Spielwelt. In mehreren detailverliebt gezeichneten Levels sammelt man durch Springen, Ziehen, Rennen, Heben und Werfen mit einem kleinen Roboter die siegbringenden Punkte.

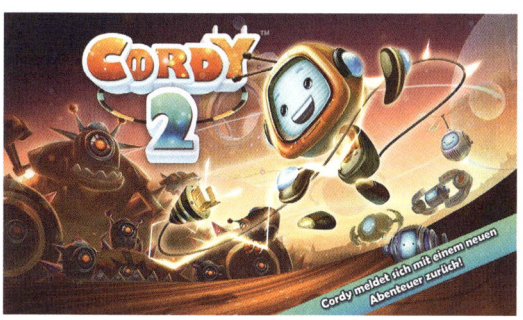

Jump and Run und abwechslungsreiche Action.

Temple Run 2

Hersteller: **Imangi Studios**
Preis: **kostenlos (In-App-Käufe)**
Getestete Version: **Oktober 2014**

In diesem Spiel sind schnelle Reflexe gefragt. Hat man einen Schatz gefunden, sind alle hinter einem her. Da gilt es, schnell zu rennen, über Tempelmauern und steile Felswände herunter. Das Ganze erfordert besonderes Geschick, denn man steuert seinen Helden über eine Kombination aus Touchscreen und Neigebewegungen.

Renn um dein Leben.

Drag Racing

Hersteller: **Creative Mobile**
Preis: **kostenlos (In-App-Käufe)**
Ge testete Version: **Oktober 2014**

Im Autorennspiel Drag Racing kann man aus über 50 Fahrzeugen wählen, die aber zuvor hart erkämpft werden müssen. Für jeden Sieg gibt es Spielgeld, das für neue Autos oder auch zum Tuning des eigenen Rennwagens genutzt werden kann. Hat man die ersten Offlinerennen gewonnen, ist es Zeit, gegen echte Gegner weltweit online anzutreten.

Mal richtig Gas geben.

Race Illegal High Speed 3D

Hersteller: **HeroCraft Ltd**
Preis: **kostenlos (In-App-Käufe)**
Getestete Version: **September 2014**

Eines der schnellsten Autorennspiele für Android, mit realistischer Fahrphysik und rasanter Steuerung. Hier fährt man nicht auf klassischen Rennstrecken, sondern illegale Rennen durch Großstädte.

Um sich als Bester zu beweisen, muss man sich zunächst Respekt verdienen und sein Auto entsprechend tunen.

Rasante Autorennen durch Großstädte.

Pool Billiards Pro

Hersteller: **TerranDroid**
Preis: **kostenlos (In-App-Käufe)**
Getestete Version: **November 2013**

Poolbillard ist seit Generationen ein beliebter Zeitvertreib, der zuweilen sportliche Ausmaße annimmt. In Pool Billiards Pro kann man zu Hause oder unterwegs abseits des Billardtisches heimlich trainieren.

Das Spiel simuliert einen echten Pooltisch mit realistischer Physik. Mit einem Queue versucht man geschickt, die acht oder neun Kugeln gemäß den offiziellen Regeln in den Löchern am Rand zu versenken.

Poolbillard auf dem Smartphone.

15. Apps, auf die die Welt gewartet hat ...

Gerade die Apps, die manchen Nutzern als völlig sinnlos erscheinen, sind die, die anderen den meisten Spaß bereiten.

Mein perfektes Ei

Hersteller: **Spreebytes**
Preis: **kostenlos (Pro-Version 0,99 €)**
Getestete Version: **November 2013**

Sicher kennen Sie das Problem: Ein Drei-Minuten-Frühstücksei ist mal zu hart und mal zu weich, selbst wenn man die Uhr genau stellt. Die App Mein perfektes Ei liefert die ideale Lösung für dieses Problem.

Genaue Kochzeit eines Eis berechnen.

Mein perfektes Ei berechnet die genaue Kochzeit für jedes Ei und den gewünschten Härtegrad. Die Eieruhr berücksichtigt den Durchmesser und die Temperatur des Eis und ob dieses aus dem Kühlschrank kommt oder in der Küche liegt. Aus der aktuellen GPS-Position des Handys wird die Höhe über dem Meeresspiegel berechnet, die den Siedepunkt des Wassers beeinflusst. Die Eieruhr startet, sobald das Ei im kochenden Wasser liegt. Kurz vor Ablauf der Eieruhr ertönt ein Alarm, sodass das Ei rechtzeitig aus dem Wasser geholt werden kann.

Radiation counter

Hersteller: **Leroy Füllgraf**
Preis: **kostenlos**
Getestete Version: **März 2013**

Noch können Smartphones nicht wirklich die Radioaktivät der Umgebung messen – nur bei besonders hoher Strahlung fallen sie einfach aus.

Diese App simuliert aber sehr eindrucksvoll einen Geigerzähler einschließlich dessen typischer Knackgeräusche. Beim „Messen" braucht man das Handy nur leicht zu neigen. Der angezeigte Wert hängt einzig und alleine davon ab.

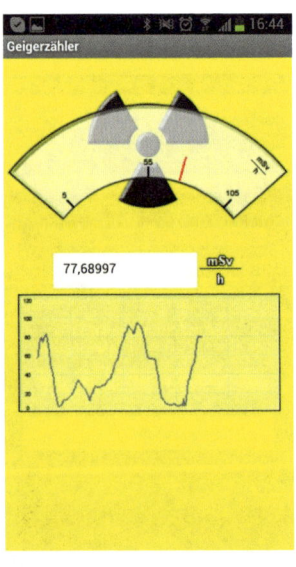

Radioaktivität in der Umgebung messen – oder so tun, als ob.

Army Survival Guide

Hersteller: **milodroid**
Preis: **kostenlos**
Getestete Version: **März 2013**

Die amerikanische Armee gibt ihren Soldaten ein Überlebenshandbuch zur Hand, das auch für so manchen Extrem-Outdoorsportler interessant sein kann, wenn es darum geht, sich anhand von Mond und Sternen zurechtzufinden, draußen Feuer zu machen und Nahrung aus der Natur zu finden.

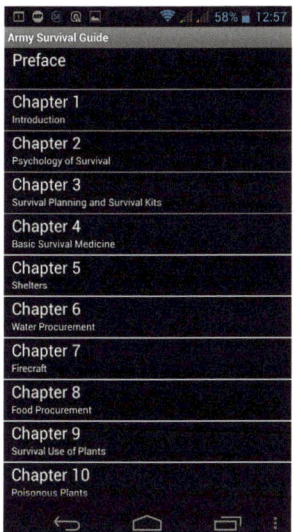 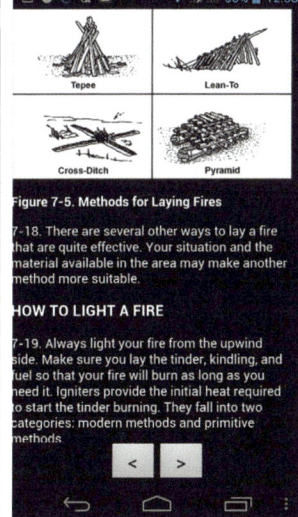

Das Überlebenshandbuch der amerikanischen Armee.

Ausführlich, aber nur in Englisch, werden auch die notwendige Ausrüstung und Vorbereitung eines längeren Außeneinsatzes beschrieben. Die Kapitel über gefährliche Schlangen und Insekten sowie zum Überleben im ABC-Fall wird man eher selten brauchen.

Lightbox Free

Hersteller: **Whimsical Otter**
Preis: **kostenlos**
Getestete Version: **Juni 2013**

Um alte Dias oder Fotonegative zu betrachten, muss man diese immer gegen das Licht halten oder man braucht einen professionellen Leuchtkasten.

Diese App macht nichts anderes als die meisten Taschenlampen-Apps, nur unter einem anderen Motto: Sie lässt den Bildschirm des Handys weiß oder in einer einstellbaren Farbe leuchten, damit man Dias darauf legen und sie betrachten kann.

Androidify

Hersteller: **Google Inc.**
Preis: **kostenlos**
Getestete Version: **Oktober 2014**

Mit Androidify nimmt Google sich selbst auf den Arm und bietet Android-Fans die Möglichkeit, sich einen persönlichen Avatar im Android-Stil zu basteln, indem man das Android-Männchen nach eigenen Wünschen umgestaltet.

Dazu stehen verschiedene Kleidungsstücke und Frisuren zur Verfügung, auch die Figur selbst kann größer, kleiner, schlanker oder beleibter ausfallen. Das fertige Android-Männchen lässt sich über die auf dem Smartphone installierten Kommunikationswege weiterverteilen, als Bild in der Galerie speichern oder als Avatar im eigenen Google-Konto nutzen.

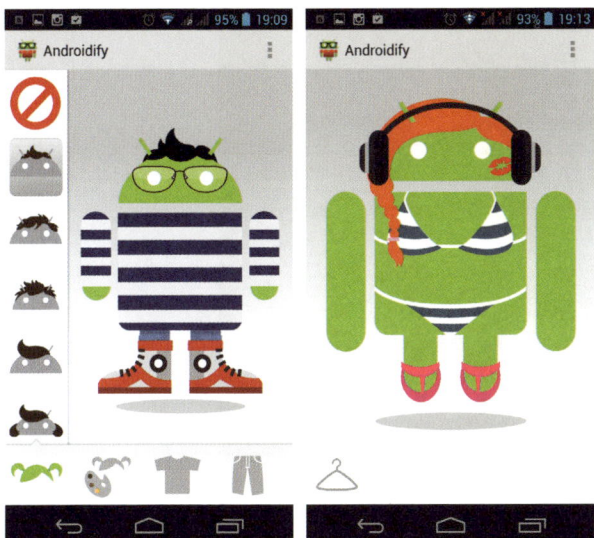

Mit Androidify das eigene Android-Männchen erschaffen.

In diesem Sinne viel Spaß mit Ihren Android-Apps!

MOBILE SECURITY

Schützt Smartphones und Tablets

Android

1 Jahr Premium
kostenlos

- ✓ Antivirus
- ✓ Anti-Phishing
- ✓ Proaktives Anti-Theft
- ✓ GPS-Ortung
- ✓ SMS- und Anruffilter

Ihr Aktivierungscode für Premium-Features:

DEA6-FWS8-H9R7-A8NW-MCBB

Hier downloaden:
www.ESET.de/EMS-TABLET

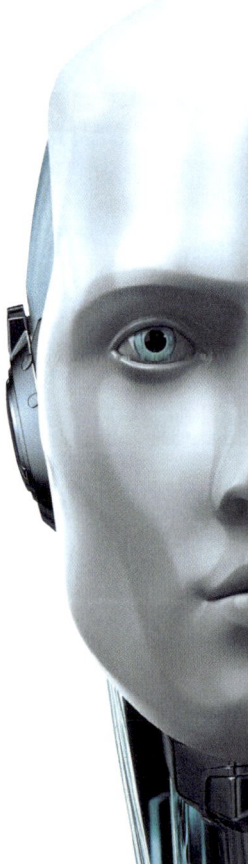